U0594164

智慧奉献国企：

重塑优雅女人职场新形象

邓斌　主审

孙蓉　徐晨　张璐　著

刘皎　李迎春　鲁明怡　岳静　副主编

贵州出版集团

贵州人民出版社

图书在版编目（CIP）数据

智慧奉献国企：重塑优雅女人职场新形象 / 孙蓉，徐晨，张璐著. --贵阳:贵州人民出版社，2018.12（2025.1 重印）

ISBN 978-7-221-15002-8

Ⅰ. ①智… Ⅱ. ①孙… ②徐… ③张… Ⅲ. ①国有企业－女性－职工－职业道德－中国 Ⅳ. ①F279.241

中国版本图书馆 CIP 数据核字(2019)第 000653 号

智慧奉献国企：重塑优雅女人职场新形象

孙蓉，徐晨，张璐 / 著

责任编辑：潘乐
封面设计：牧野春晖
出版发行 贵州人民出版社（贵阳市观山湖区会展东路 SOHO 办公区 A 座）
印　　刷：北京市彩虹印刷有限责任公司
版　　次：2019 年 1 月第 1 版
印　　次：2025 年 1 月第 2 次
印　　张：9
字　　数：161 千字
开　　本：710 毫米×1000 毫米　1/16
书　　号：ISBN 978-7-221-15002-8
定　　价：42.00 元

序

妇女是创造人类文明和推动社会发展的伟大力量。中国妇女历来善良、勤劳、勇敢，并有着较高的智慧，在中国历史进程的各个时期都发挥了应有的作用，不少巾帼英雄在历史的烽烟中，留下自己浓墨重彩的一笔。

但在几千年的封建社会和百余年的半殖民地半封建社会中，绝大多数的中国妇女曾经有过长期受压迫、受屈辱、受摧残的悲惨历史。从21世纪上半叶起，广大妇女在中国共产党的领导下，为了民族和自身的解放，经过几十年不屈不挠的英勇奋斗，直到中华人民共和国成立，占全世界妇女四分之一的中国妇女终于获得了历史性的解放。

在红军时期、抗日战争和解放战争时期都涌现出了大批女英雄、女战士、女劳模、女干部，充分表现出了女性高度的智慧和才能，发挥了半边天的作用，展现了巾帼英雄的豪迈气魄。旧中国，广大妇女被排斥在社会生活之外。新中国，妇女在社会生活各个方面，特别是在教育、科技、文化体育、卫生等领域，获得了令人瞩目的发展。

国有企业是国民经济和党执政兴国的重要支柱，是中国特色社会主义的重要物质基础和政治基础，是中国特色社会主义经济的"顶梁柱"。在国有企业改革发展的进程中，广大国企女职工勤奋工作、开拓创新、与时俱进，为国企改革发展做出了自己的贡献，涌现出了许多女企业家、女技术人员、女优秀劳动者，成为国企改革与发展的"半边天"。

我们都知道，女职工是我国经济社会发展人才结构中的重要资源，也是国有企业发展进步的重要有生力量。女职工的发展水平是衡量国有企业改革发展成效的重要标志。在中国特色社会主义建设进入新时代、开启新征程的伟大进程中，在国有企业改革发展中，必须深刻领会习近平总书记关于妇女伟大作用的重要论述，进一步激发广大女职工为实现中国梦而奋斗的积极性、主动性、创造性，必须进一步明确女职工地位，充分发挥女职工的作用，依法维护和保障妇女权益，全面增强国企女职工综合素质，激发女职工发挥聪明才智、勇于作为，为国有企业的创新发展注入澎湃人才活力。

腹有诗书气自华。"做一个淡雅的女人，有一个幸福人生，饱满一个丰富的生命，珍惜并享受其中那一份淡然的轻盈，从容地越过层层的荆棘，沾满一身幸福的清香。"阳光的心态、和谐的家庭、快乐的工作。立足岗位，爱岗敬业，恪尽职守，做智慧女职工，创美好幸福生活，实现美好人生理想。

本书从中国古代成功女性的故事娓娓道来，关注女职工奋斗发展的方方面面，以期充分激发国企女职工在工作和生活中自我修炼和提升的内驱力，充分展现国企女职工良好的精神风貌，使广大国企女职工立足岗位，爱岗敬业、恪尽职守，为做强做优做大国有企业、决胜全面建成小康社会、夺取新时代中国特色社会主义伟大胜利、实现中华民族伟大复兴的"中国梦"做出新的更大贡献！

作者

2018 年 10 月

目　　录

第一章

中国古代女性的传统美德

第一节　不同时代生存环境下的女性典范

1．原始时期的女性典范

在中国，有文字记录的时期就记录过母系氏族社会时期的活动，那时的人们尊卑观念不强，只以发展族群数量为主要目的，女性的生育能力就成为一个族群的动力，女性的地位自然而然提高，因为生育往往会付出生命的代价。来到男尊女卑的时代后，女性的作用也从未减少过，女性也一直以圣洁、伟大形象出现在不同时期的手工制品、祭祀用品和艺术壁画上。

2．奴隶制社会下的女性典范

奴隶社会是等级初现的社会，不同地位的人社会职能各不相同，但这并不影响仍然有女性为这个国家、社会做出卓越的贡献。妇好就是这个时期女性的典范，虽为王妇，但是能文能武，身有雄才大略，能号令千军万马。卓越的政治才能和军事才能从来不会因为身为女性而埋没，即便女性需要男性的身份地位作为支撑她发挥才能的契机，掌握了契机就向社会证明自己卓越的能力，正是一些卓越女性锲而不舍的精神促进了华夏民族的发展，使得华夏民族发展壮大。

3．封建社会的女性典范

自秦始皇统一中国后，中国便进入了中央集权的封建时期，在长达几千年的封建时代，中国拥有世界上最完整的历法、最先进的社会制度、最雄厚的经济基础、最灿烂的文化，中国虽不是物产最富饶的国家，但却是人民最勤劳、最勇敢、最具有冒险精神的国度。在唐朝时，文化繁荣，国与国之间的交流空前频繁，万国朝圣，这时期的女子美丽、自信。这样的文化土壤也造就了中国第一位女皇帝，除此之外，一些女性虽然没有在政坛上呼风唤雨，也没有在战场上驰骋杀敌，但是却用自己的智慧、知识和开阔的胸襟为文化传播、经济的交流做出了不朽的贡献，文成公主就是这样一位典范。

文成公主原本是李唐远支宗室女，唐太宗贞观十四年，太宗李世民封李氏为文成公主；贞观十五年远嫁吐蕃，成为吐蕃赞普松赞干布的王后。文成公主进藏时，礼仪极为隆重，队伍非常庞大，唐太宗的陪嫁极尽奢华。据说，在陪嫁礼单中出现了："释迦佛像，珍宝，金玉书橱，360 卷经典。外加各种金玉饰物。"又给多种烹饪食物，各种花纹图案的锦缎垫被，卜筮经典300 种，识别善恶的明鉴，营造与工技著作60 种，100 种治病药方，医学论著4 种，诊断法5 种，医疗器械6 种⋯⋯还携带各种谷物和芜菁种子等。文成公主带到吐蕃的农技人员，把从中原带去的粮食种子播种在高原的沃土上，产量之高吐蕃人为之震惊。因为吐蕃人那时虽然也种植一些青稞、荞麦之类的作物，但因不善管理，常常是只种不管，所以产量极低，他们不得不佩服汉族农技人员高超的种植技术。在松赞干布和文成公主的授意下，农技人员开始有计划地向吐蕃人传授农业技术，使他们在游牧之余，还能收获到大量的粮食。尤其是把种桑养蚕的技术传给他们后，吐蕃也逐渐有了自制的丝织品。文成公主知书达礼，不避艰险，远嫁吐蕃，为促进唐蕃间经济文化的交流，增进汉藏两族人民亲密、友好、合作的关系，做出了历史性的贡献。唐蕃自此结为姻亲之好，两百年间，凡新赞普即位，必请唐天子"册命"。

4. 半殖民地半封建时期的女性典范

清末之时哀鸿遍野，半个多世纪的停滞不前使得老百姓的精神面貌贫乏呆滞，廖无生机，女性更是在痛苦中挣扎，除去中国大多数女性必须承担的痛苦外(缠足)，她们的社会地位日益底下，贫瘠的生活更是剥夺了女性的生活乐趣和对未来的想象力。

辛亥革命的爆发为中国女性打开了世界的大门，越来越多的女性走出家门，走上了社会，通过学习知识，巩固自己的社会地位，书写美丽的篇章。

蔡和森的母亲，"潇湘三女杰"之一的葛健豪就是这种典范，由于辛亥革命的不彻底性，对农村的封建势力、封建习俗等都没有太大的冲击，葛健豪所在的永丰镇仍是一潭死水，广大的人民群众仍旧生活在水深火热之中。从秋瑾那里受到了革命启发的葛健豪，认定知识能够改变人的命运。她一方面积极支持自己的子女求学，另一方面觉得为了济世救民，自己也应该有知识有学问才行。

于是年近50岁的葛健豪带着儿子、女儿还有一个4岁的外孙女，一家三代进了湘乡县城寻求新知识。她去报考县城第一女校时，因年近半百，学校不让报名。她十分气愤，叫女儿写了呈文，送到长沙县衙去评理。县官默默地读了她的呈文，觉得她是一位了不起的妇人，就在呈文上批上"奇志可嘉"四字，令学校破格录取。上世纪末便出现了葛健豪三代人同进学堂的新鲜事。

除此之外，文学、建筑，艺术，优秀的女性从业者层出不穷，冰心、林徽因都是当时民国时期新式教育下培养出的杰出人才。在那之后的许多女子既传统又新潮，既浪漫又优雅，新时代的女性再也不是三寸金莲步履蹒跚的封建女子了，她们爱美，爱生活，充满活力。

而她们美好的生活又是如何得来的，是那些和封建势力做斗争，为了民主、为了新社会，像秋瑾一样的女英雄民主卫士为了天下苍生付出生命得来的。

第二节　中国历代巾帼英雄举隅

在中国灿烂辉煌的历史长河中，无数才子佳人辈出，上至皇帝下至能工巧匠，一批见识超群、远见卓然的女性在源远流长的华夏文明中，留下了她们杰出的身影。

在历史长河中，中国一直处在男尊女卑的社会环境下，但女性的光辉并未因此埋没。从统治阶层来讲，在父系社会已经非常稳固的奴隶社会时期，居然有女性带兵征战、名扬四海的例子。

1. 妇好

如今人们若是提到商朝时期的女性，估计除了妲己之外想不起第二个人来了，妲己能够家喻户晓，主要是《封神演义》的功劳，把商纣王的一个宠妃神话成能够呼风唤雨、祸乱人间的妖姬。而商朝真正有经天纬地之才、济世匡时之略的王妃将军——妇好，一个嫁入商朝王室的女子，容貌个性不详，商王武丁的妻子，中国史料记载的第一位女政治家、军事家，却不为众人所知。

在商朝后期，地球经历了一次小冰期，使得生活在高纬度地区的古印欧人不得不向南迁徙，其中一支侵入希腊，一支侵入两河流域，还有一支向东迁徙，在中亚分开，一支向南侵入印度，另外一支继续向东迁徙来到中国北方。这次迁徙对文明的破坏影响到了整个欧亚大陆，四大文明古国之一的中国，和其他几个远古文明的缔造者一样，同样遇到了古印欧人的威胁。古巴比伦：公元前 1595 年被赫梯人攻灭，后趁赫梯人分裂时期短暂复国，公元前 729 年又被古印欧人另一支的亚述所灭。古印度：公元前 1500 年受到古印欧人之一的雅利安人入侵，公元前 700 年被雅利安人彻底征服。古埃及：公元前 1500 年开始不断与古印欧人的赫梯人交战，公元前 663 年被印欧人另一支亚述人彻底灭亡。也就是从公元前 1500 年开始，四个古文明的三个被古印欧人征服。然后三个古文明在公元前 7 世纪左右彻底被不同的古印欧人灭亡。

但是，古印欧人在华夏的遭遇如何？如此骁勇的灭了三大古国的民族在入侵中国地区时又有怎样的经历呢？他们被在妇好带领的华夏子民打败了。通过妇好率领一万多人与古印欧人的战争，我们华夏族成功地把自己的种族和文明保存了下来，华夏文明在这场疾风暴雨中屹立不倒。

四大文明古国唯一血脉留存的中国在世界上有着重要的影响，炎黄子孙有着超强的毅力、惊人的智慧和不屈不挠的精神，最终让华夏文明在长如夜的上古散发着璀璨的光辉。而为华夏文明抵挡了灾难的妇好又有什么样的过人之处？她天生聪慧，很得商王的信任，经常受命主持祭天、祭先祖、祭神泉等各类祭典，又任占卜之官。不仅如此，她还会带兵打仗，她是中国史料记载的第一位女军事家，精通指挥战术、骁勇善战，多次受命征战沙场，为商王朝拓展疆土立下汗马功劳。

然而，妇好不幸在三十余岁去世，失去了这么一个能文能武聪明贤惠的内助，武丁十分悲痛，为她举办了隆重的葬礼，耗尽千金为她陪葬。

2. 武则天

武则天(624年－705年)，本名珝，后改名曌，山西文水县人。中国历史上唯一的正统的女皇帝，也是即位年龄最大、寿命最长的皇帝之一，后世将其与汉朝的吕后并称为"吕武"。武则天为荆州都督武士彟次女。十四岁时入后宫，为唐太宗才人，获赐号"武媚"。唐高宗时封昭仪，后为皇后，尊号"天后"，与高宗并称"二圣"。高宗驾崩后，作为唐中宗、唐睿宗的皇太后临朝称制。天授元年，武则天宣布改唐为周，自立为帝，定洛阳为都，称"神都"，建立武周。

武则天天生就是一个政治家，善于察言观色，笼络人心。毛泽东主席说她"确实是个治国之才，既有容人之量，又有识人之智，还有用人之术"。有关武则天的影视书籍虽不胜枚举，却大都集中于其个人缠绵悱恻的情感故事生活和尔虞我诈的宫廷政治斗争。近些年由于影视圈"玛丽苏"盛行，作为中国唯一一个侍奉过两位皇帝，最后却成为女皇帝的人，自然是影视剧"玛丽苏"的典范。仿佛她的成功，就是和这些爱慕她的男人密切相关。但是看这样作品的人越多，就代表着真正的则天皇帝与普通人的认知越远。作为一代帝皇和政治家，武则天故事的精彩之处既不是靠女性的魅力来吸引幕僚为她赴汤蹈火，也不是一些宫闱朝堂上钩心斗角、尔虞我诈的权谋小计，她真正于华夏民族的伟大历史贡献即是：终结士族集团，开启平民政治。

自魏晋之后，中国一直施行的是九品中正制，即士族天生便有做官特权，又按其任官等级由国家分配给牛畜和荫户。士族们官职越高，门第就越高，士族子弟能担任的官职也就越高，无论才能如何年龄多大都可以得到好的官职；而出身寒微的人，即使再有才能也被官场摈斥，只能终身沦为下僚。这就是所谓的"上品无寒门，下品无势族"。

初唐时李世民看到九品中正制的弊端，试图建立以李唐皇室和关陇门阀为核心，同时包容建唐功臣、南北士族、各地寒士，以新的官职品级排定次序，来扶植了一个全新的士族集团，希望来取代繁衍三百余年的魏晋南北朝旧士族。同时继续坚持科举制代替旧的九品中正制。但是唐初的新士族既脱胎于旧士族，因此不可避免地也带有相当局限性。此种情况若延续百年、二百年后，那么唐初功臣士族也必然会如同旧时的士族一般，垄断仕进，以门望定官职，他们的子孙不断繁衍，而将绝大多数的非功臣平民子第，排除于帝国政治中枢之外，而其先进性也从此丧失殆尽。武曌称制登基后，武则天便大力重用寒门士子，不拘一格举拔人才，以此收揽举国民心，获得广泛支持。

武则天皇帝改革三省六部制，首创"同中书门下平章事"，大量选拔低品官员进入政事堂，使资历不足的低级官员，若得君主信用，亦能荣登宰相之位。通过以低品官员分宰相之势，相权因此大为削弱，皇权则极大加强。此举顺应了君主集权必然逐渐强化的历史大势，科举官僚兴起更加速了此进程。因此这一制度也为此后二百年的唐朝诸帝所沿袭。

她还设置匦检制度，广泛听取民意。任何人都可以借此向君主上书，言朝政得失，言自身冤抑，献军机秘计，自荐求仕进。特别是东面"延恩"一口，允许举国官民百姓，都可以直接向她举荐自己的才干，以此请求升官或仕官。

为了加强中枢集权，设置十道分巡制。她以山川地理形势划分为全国为十道，派遣御史为巡按使，每年定期巡查地方，监察各地州县官员，"御史出使，不能动摇山岳，震慑州县，为不任职"。同时这些巡按使在巡视过程中，还负有荐举本道人才的重要使命。当全国各道被荐举的人才入京时，武则天亲自接见，让他们一律试作某官，称为试官。

武则天发展和完善了科举制度，创立殿试，首开武举，推重进士科，大量增加科举入仕名额，为国家招揽广泛的人才，同时她身体力行倡导诗赋文采，以此作为科举取士标准，因此帝国政坛文风大盛，从此奠定大唐盛世华章之基。

为了减少改革阻力，深谙权谋和人心的武则天施展"退一步进两步"的手腕，一边广开仕途，滥赏勋阶，甚至在吏部设员外官数千人，用以安置高官勋贵们的亲戚，允许他们和正式官员一样领取俸禄。另一边，武则天又假手酷吏，以严刑峻法来沙汰官场，不称职者当即革免甚至杀戮。中低级官员调动如蓬转萍流，轻贱如土芥沙砾，刺史、郎将以下官员被杀者不计其数。可求官之人还是络绎不绝，冒死贪竞。因此，当时"官爵易得而法纲严峻，故人竟为趋进而多陷刑戮"，以此来保障了帝国机制有效正常运转，不至于为大量冗官所累。

对于大唐的子民而言，他们在武则天治下，几乎经历了整整一生的太平盛世。其文治之功，无愧于"政启开元，治宏贞观"之美誉。武则天制定的这些行之有效的制度和变革创举，使得整个大唐这个当时最伟大的帝国中枢获益良多，在李唐复辟后这些政策不但没有被废止，相反一直被继承了下去。四百年来无数明君英主面对的这么棘手的难题，被一个无所畏惧的奇女子终结了。百年士族天下和门阀政治，被她划上一道永久的终止符。

3. 黄道婆

像武则天这位政界熠熠生辉的巾帼或许离普通老百姓太遥远，但有一位出自平凡百姓家的女性，她做出的贡献与普通百姓，乃至今天我们的生活息息相关。她就是黄道婆，宋末元初的棉纺织家，由于传授先进的纺织技术以及推广先进的纺织工具，而受到百姓的敬仰。在清代的时候，被尊为布业的始祖。虽然不是在战场朝堂立功，但黄道婆为当时长江两岸的手工业作坊经济做出了卓越的贡献，也堪称巾帼一员。

黄道婆出身贫寒，生于松江府乌泥泾镇，不像普通的妇女有着安稳的日子，十二三岁就被卖给人家当童养媳，白天下地干活，晚上纺织布到深夜，如此辛苦的劳作没有得到婆家的肯定，时不时地还会遭到殴打，公婆、丈夫对她精神和肉体上的虐待苦不堪言，但是意志坚强的她并没有被摧毁，反而锻炼了她的毅力。有一次，黄道婆被公婆、丈夫一顿毒打后，又被关在柴房里，他们不准她吃饭，也不准她睡觉。她再也忍受不住这种非人的折磨，决心逃出去另寻生路。半夜，她在房顶上掏洞逃了出来，为了远走高飞，便躲在了一条停泊在黄浦江边的海船上。后来就随船到了海南岛南端的崖州，即现在的海南省崖县。在封建社会，一个从未出过远门的年轻妇女只身流落异乡，人生地疏，无依无靠，面临的困难可想而知。但是当地的黎族人淳朴善良，十分同情黄道婆，并且接纳她在当地一起劳动生活。

被当地人接受的黄道婆，是个坚强的女子。当时黎族人民棉纺织技术比较先进，黄道婆聪明勤奋，又有悟性，她虚心向黎族同胞学习纺织技术，他们便把纺织技术毫无保留地传授给她。黄道婆通过自己的纺织经验融合黎汉两族人民的纺织技术的长处，逐渐成为一个出色的纺织能手。优秀的手工艺人在当地大受欢迎，通过学习和生产她和黎族人民结下了深厚的情谊。在黎族地区生活了将近三十年后，黄道婆怀念自己的故乡，她从崖州返回故乡，回到了乌泥泾。黄道婆重返故乡时，植棉业已经在长江流域大大普及，但纺织技术仍然很落后。她回来后，就致力于改革家乡落后的棉纺织生产工具，她根据自己几十年丰富的纺织经验，毫无保留地把自己精湛的织造技术传授给故乡人民。一边教家乡妇女学会黎族的棉纺织技术，一边又着手改革出一套赶、弹、纺、织的工具：去籽搅车、弹棉椎弓、三锭脚踏纺纱车。开发出精美的棉纺织产品。自黄道婆传了织造技艺后，使棉织品提高了档次，后代又结合江浙地区的先进的丝织技艺，创造出不少名优棉纺品。明成化年间，这种提花棉织品传入皇室，受到嫔妃、宫女的欢迎，于是乌泥泾一带人家，受官府之命专为皇室织造。织出的图案有龙凤、斗龙、麒麟、云彩、象眼等。颜色有大红、真紫、赫黄等，十分精致。云布、绒布、药斑布、紫布、丁娘子布、三林标布、稀布、高丽布以及双单印、阴阳印等印花布。精美的布匹很受欢迎，销量大增。当地人民学会了黄道婆的手工棉纺织技术，进行纺织生产，把产品卖到外地去，赚到很丰厚的利润，当地人赚了钱，生活富裕了，精神也充裕了。黄道婆手工棉纺织技术的革新，大大提高了劳动生产力，改变了乌泥泾落后生产状况，改善了松江府人民生活水平，促进了江南经济的繁荣，并一代代传承发展。

黄道婆传授植棉纺织技术以及自身地貌的原因，使得棉花广泛种植，棉纺织业蓬勃发展，导致松江府以及周边地区农业经济与农家经营发生革命性的变化。首先是棉作压倒稻作。上海县地区农作物出现"棉七稻三"的新格局，嘉定一带更达到"棉九道一"，甚而有专种棉花者。其次，棉花的种植以及对棉花的深加工，纺纱、织布为农家带来了巨大的经济效益，其经济收入超过粮食作物，成为农家主要经济来源，这种不同于传统的小农经济范畴的男耕女作，已被商品经济所渗透，而且成为农家的主业。直接促成了长江两岸植棉和棉纺织产业的形成，也推动了当地棉纺织业的迅速发展。

黄道婆的经历告诉了人们一个道理，不管你多么的贫苦，受到过多大的打击，只要坚持去追逐自己的梦想，总有成功的一天。中国的经济发展也是由无数具有黄道婆一样的精神的人来推动的。

4. 秦良玉

秦良玉出身于四川忠州(今重庆忠县)，生长在一个极具爱国热情的家庭里，父亲秦葵是个武贡生，从小小良玉能文善武，尤精于骑射兵谋。万历二十三年，秦良玉自愿远嫁到当时被称为"嵊峒蛮"的少数民族地区——石硅(今重庆石柱)，与汉代名将马援之后、时任石硅宣抚使的马千乘结为伉俪。硅是土家族聚集区，明政府在该地区实行土司制度。

秦良玉是一个懂得兵法并因地制宜地人，尽管石硅地处偏远山区，但也需要练兵保境，不可亡备。在丈夫和兄弟的帮助下，她在石硅挑选身体素质强健的当地土人，借鉴后金骑兵的练兵方法，组建了一支具有独特的武器和阵法的特种兵。该兵种善用一种长矛，矛端有钩，矛尾有环，遇悬崖峭壁则使矛端尾相衔，兵士借此攀援而登，捷如猿猴，翻山越岭如履平地。因矛身以白木为之，朴华无饰，故称"白杆兵"。这支军队作战英勇,忠于统帅,在战场中屡立奇功。

秦良玉在著名的"万历三大征"之中首立奇功,万历二十七年 25 岁的秦良玉跟随她的丈夫石砫宣抚使(土司) 马千乘平定播州杨应龙叛乱。随后秦良玉和她的"白杆兵",三次走出偏远的三峡绝域,远赴数千里之外的辽东和京畿地区,抵御后金(清) 的入侵。榆关(山海关) ,乃为天下第一关,为清兵南下所经之要地。对明军来说,扼守入关要塞便显得尤为急迫。浑河血战后,秦良玉一面遣使入京抚恤士兵,另一面携子马祥麟率三千"白杆兵",再度奔赴东北,奉命镇守榆关要塞。在保卫榆关的战斗中,"白杆兵"屡屡击退清兵来犯。一次战斗中,儿子祥麟目中流矢,仍能拔剑策马杀敌。榆关坚如磐石,使得清兵无法由此侵入关内。

秦良玉抗清是为了保卫国家的安宁,为了民族的安危。除了明末的抗清名将,在清末,仍然有着一些为了民族独立而奋斗的女英雄。

5. 冼夫人

冼夫人原名冼英,周总理称她为"第一巾帼",广东南部俚族人,嫁于高凉郡(今广东高州) ,是梁、陈、隋三朝时期岭南诸多部落首领,史称谯国夫人。

冼夫人家族为南越首领,部落人口有十万多家。冼英自幼聪颖好学,在家族环境的熏陶下懂得了很多族内的事情,长大后她既懂得协调管理部族的大小事务,又善于用兵,能行军打仗,而且十六七岁的时候,已获得了"岭南第一才女"之美誉。冼夫人二十四岁时,罗州刺史冯融听闻冼夫人才识出众,便让他的儿子高凉太守冯宝娶其为妻。她的丈夫对当地人来说算是个外人,所以不少高凉人对他并不信服。冼夫人到后,诫约本族尊重当地风俗习惯。每当她与冯宝处理诉讼案时,对本族犯法的人,也是依法办事,不徇私情。这样,她逐渐帮助她的丈夫树立起威信。

梁太清二年,侯景叛梁,当时战乱四起,百姓生活如火如荼,冼英自然不会坐视不管,她结交了一批忠义之士,组成了一支"勤王之师",连年奋战,消灭了乱臣侯景,并协助陈霸先建立了"陈"朝。她因保境安民有功,得到了岭南各少数民族的爱戴，共尊之为"岭南圣母""华夏圣母"。此时冼夫人地位声誉颇高，有反叛者妄图拉拢冼夫人的势力。陈太建元年(569 年)，广州刺史欧阳纥准备谋反，就把冼夫人儿子冯仆召至高安，晓之以理动之以情，妄图策动他谋反。冼夫人知道这事后立刻派出兵马阻止陈太建的部队进入高凉，带领百越诸部与陈朝派来征讨的将领章昭达内外夹击，使欧阳纥军溃被擒。

冼英天生就拥有领导才能，她知道，百姓需要的是安宁，而不是各个势力互相斗争，所以冼夫人致力于促进民族融合，坚持与汉族团结友爱，保障地方秩序安定。她一生所作所为不为权势、不为个人利益，只为一方百姓平安。她安抚民众，使安定的局面历经了"梁""陈""隋"三个朝代，毕生以"仁"待人，以"德"服众，赢得了三朝皇帝一致的敬重。她的子孙们相继为岭南地区持续百年的相对稳定，促进广东南部地区社会和经济发展，做出了杰出的贡献。

6. 秋瑾

秋瑾，1875 年出生于绍兴的一个小官僚地主家庭。从小就热情而倔强的她，最钦佩历史上的"巾帼英雄"。义和团运动失败以后，被帝国主义蹂躏的中国，早已没有神州以往的风采。秋瑾救国情切，愤然赋志："身不得男儿列，心却比男儿烈。"她不愿"与世浮沉，碌碌而终"，热望把裹在头上的妇女头巾换成战士的盔甲，像花木兰那样，效命疆场。秋瑾的父亲秋寿南是个知识分子，在 1894 年把秋瑾许配给了王廷钧。婚后两个人的生活倒也"琴瑟和鸣、伉俪情深"。但是秋瑾是个忧心国家的人，她看见当八国联军入侵北京时，当朝的皇帝却跑得无影无踪，开始为这个国家的前途感到担忧。

1904 年夏，秋瑾毅然决然用自己的积蓄东渡日本留学，进入日语讲习所学习，继入青山实践女校。秋瑾利用出国这样难得的机会，积极参加留日学生的革命活动，与陈撷芬发起共爱会，和刘道一等组织十人会，创办《白话报》，参加洪门天地会，受封为"白纸扇"(军师) 。光绪三十一年归国。春夏间，经徐锡麟介绍加入光复会。七月，再赴日本，加入同盟会，被推为评议部评议员和浙江主盟人，翌年归国，在上海创办中国公学。不久，任教于浔溪女校。同年秋冬间，为筹措创办《中国女报》经费，回到荷叶婆家，在夫家取得一笔经费，并和家人诀别，声明脱离家庭关系。其实是秋瑾"自立志革命后，恐株连家庭，故有脱离家庭之举，乃借以掩人耳目"。次年秋瑾在创立了《中国女报》后，撰文宣传女性解放，提倡女权，宣传革命。她辗转于诸暨、义乌、金华、兰溪等地联络会党，计划响应萍浏醴起义，最终起义失败。

光绪三十三年正月(1907 年 2 月)，秋瑾接任大通学堂督办。不久与徐锡麟分头准备在浙江、安徽两省同时举事，联络浙江、上海军队和会党，组织光复军，推徐锡麟为首领，自任协领，拟于 7 月 6 日在浙江、安徽同时起义。因事情被泄露，于 7 月 13 日在大通学堂被捕。7 月 15 日从容就义于浙江绍兴轩亭口，享年31 岁。

第三节　女性价值观的变迁

1. 价值观的转变

几千年来，中国普通妇女有着怎样的变化呢？她们自始至终都那么默默无闻，还是经过了内心的挣扎突破过自身的底线去奔向更美好的明天？

原始社会的女性，只追求温饱和安全感。封建社会的女性需要扮演好自己家庭中的角色，自觉遵守好"未嫁从父，既嫁从夫，夫死从子"的三从和"妇德、妇言、妇容、妇功"的四德便可以了。新中国成立前期的女性，是各种矛盾体的合集。一方面，他们被传统思想笼罩着，不得不循规蹈矩地做着一些合理或者不合理的事情；另一方面，新世界的大门已经打开了，社会上潜移默化的变化总能让常人大吃一惊。是接受改变还是遵循着旧的法则，自身的变化会不会遭到非议，从而破坏原来的伦理道德。各种现实的问题接踵而来，让很大一部分女性望而却步，只能守着旧时法则，过着传统而又封建的生活。另一部分的女性则选择了属于自己的机会，她们接受新的知识，新的世界观、人生观、价值观，走出属于自己新时代女性的道路。

其实，即使是在极其黑暗的晚清时期——禁锢妇女压制妇女的高峰期，在这循规蹈矩的女性中还是出现了一些具有反抗精神的妇女。在太平天国中就出现了一批能文善武的女兵、女将、女官，以及义和团运动中出现的"红灯照""蓝灯照""青灯照"等民间妇女组织，在反帝斗争中展示了中华妇女的无畏气概。在1903年中国同盟会成立以前，就有许多有知识的女性参加了留日学生组成的义勇队，展开拒俄运动。1894年，孙中山在檀香山创立兴中会时，有不少突破了旧思想、希望传达新思潮的妇女参加。1905年的同盟会更是吸收了秋瑾等一批女会员。辛亥革命期间还出现了女子国民军、女子军事团、女子北伐队等组织。1912年1月，南京临时政府成立后，中国历史上第一次资产阶级女权运动兴起，一些妇女组织起"女子参政同盟会""中华女子竞进会"等组织，要求男女平等，女子参政。

虽然那个时候妇女解放的思想已经有了，但仍局限于一小部分有知识的女性身上，广大女性并没有真正意识到要为自己争取权利。而妇女解放运动的洪流是在五四运动时一发不可收拾的，在此之前，社会经济以及思想的变化也为女性思想的转变奠定了基础。在五四运动热潮的带动下，不少新式女子顺理成章地从时代的形势中出发，获得了充沛的能力和能量，当五四运动中广大女性开始抛弃男尊女卑、夫主妇从的封建伦理与旧礼制时，新的男女平等、夫妻同权的婚姻关系便也在这平等意识的勃兴中渐次萌生。新式的女性虽然认可妻子所属的内涵，但只是为丈夫为家庭而存在，这不能令这些渴望独立自主的女性获得满足，她们要求突破妻子、母亲的狭小空间，选择学问和事业作为自己人生最好的伴侣。

近两百年的半殖民地半封建社会推行愚民政策统治下的中国统治者，自然不会乐意底层的妇女学得什么文化、有什么思想，于是，"女子无才便是德"的谬论广为传播。哪怕是"驱逐鞑虏，恢复中华"后的中华民国，也因为经济环境受制约，国际地位不高，连年的战乱军阀割据，人民生活水平低下，社会动荡等等原因，除了出身名门的富庶人家，普通女子根本是没有机会受到教育的，更没有多少机会走上社会像男人一样获得平等的工作机会。广大的普通妇女依旧过着和旧式女子一样传统保守的生活。

但是很多人都没有想到，早在1922年，中国共产党就审时度势地在《中共中央第一次对于时局的主张》中"承认妇女在法律上与男子有同等的权利"。党的"二大"《宣言》也提出："废除一切束缚女子的法律，女子在政治上、经济上、社会上、教育上一律享受平等权利。"在建立革命根据地政权后，更从法律上给予妇女以平等的政治经济权和社会保障权，如《中华苏维埃共和国土地法》规定了妇女有与男子一样分得土地的权利；《婚姻法》和《劳动法》规定了妇女婚姻的自由和劳动的相关保障权；而《中华苏维埃共和国宪法大纲》作为我国历史上第一部体现男女平等的根本大法，充分显示了中国共产党对妇女运动的高度重视。这些法律条文的制定，使男女平等的精神成为国家生活的行为准则，为确立和提高妇女的政治地位奠定了重要基础。

为什么我党会重视女性的作用?马克思指出："每一个了解历史的人都知道，没有妇女的酵素就不可能发生伟大的变革，社会进步可以用女性的地位来精确衡量。"中国共产党以马克思主义理论作为立党之本、执政之基、力量之源，他们深知妇女群众对于恢复国民经济，改变新中国一穷二白面貌的伟大力量。

新中国成立前的旧中国，由于饱受战争的摧残，对于普通百姓来说无论生活水平还是文化水平都相当的落后，但当时的中国并没有像同样不发达的印度、非洲等国一样在落后封闭中继续歧视女性，而是做出反帝反封建的表率。建党初期，革命报刊对于妇女形象的建构主要是围绕着劳动妇女这一群体展开的。这些报刊从"妇女占人口的半数""妇女处于被压迫的地位""妇女解放很重要"等观点对妇女群众给予了肯定。如《妇女声》在发刊词中明确指出"妇女解放即是劳动者的解放"，我们应当抛弃过去的消极主义，鼓起坚强的意志和热烈的精神，在阶级的历史和民众的本能中寻出有利的解放手段，打破一切掠夺和压迫之后的《妇女声》刊登的大多数文章都贯彻着"妇女解放即是劳动者的解放"的基调。它呼吁各界只有与无产阶级妇女联起手来，才能摧毁旧的社会组织，最终获得妇女同胞的彻底解放。同时，《妇女声》还花了不少篇幅讨论了废娼节制生育、"十月革命"后的苏俄妇女生活境况等问题。

在中国共产党的领导下，妇女解放运动如火如荼地展开。据向警予统计，仅1922年劳动妇女罢工共18次，参加罢工的有60多个工厂的3万多名女工。"五四运动"以后，妇女运动异常激烈，达到了空前的规模。上海各界妇女联合会积极宣传募捐，支持反帝斗争；天津、杭州妇女国民会议促成会，广州妇女解放协会等妇女团体纷纷发表宣言和通电，强烈谴责帝国主义和军阀的暴行，要求取消租界，废除一切不平等条约。在红色苏区，妇女纷纷挣脱家庭的羁绊，积极参加革命运动，"每次举行群众大会和示威游行，妇女群众成为一个主要的队伍"。在战时，妇女还自发组织宣传队、运输队、担架队、救护队、洗衣队等，广泛开展支前工作。

延安时期，日军对我敌后抗日根据地进行了疯狂的扫荡，国民党也从片面抗战转向消极抗日、积极反共。边区和根据地面临着严峻的考验，动员全国人民抗战显得尤为迫切。由于力求最大限度动员妇女参加革命的需要，延安时期的妇女报刊呈现前所未有的繁荣。妇女在轰轰烈烈的革命工作中认识到了自身存在的价值，她们不再只是在家相夫教子，只是为男性存在的女人，而是可以为了民族、为阶级、为革命做贡献的伟大一员。革命队伍的壮大、抗战的胜利、新中国的成立，时时处处都闪现着思想觉悟的先进妇女的伟大身影。

新中国成立以后，由于中国共产党认识到女性的重要意义，女性的地位不断地攀升，1949年3月，中华全国民主妇女联合会成立，这个机构充分地发挥妇女群众的建设力量，动员她们参加到经济建设中来，最大程度地激发她们的工作热情。

女人政治上和男人一样平等，经济上独立自主，普通女性受到的政治文化教育历史上任何时期都无法比拟。为了保护普通女性的权益，政府同时出台"反对家庭暴力和歧视女性"的法律法案，不断地为女性撑起腰杆，保驾护航。

自新中国成立以来，我国广大妇女走出家门，积极投入社会主义建设事业，取得巨大成就，得到世界公认。2010年全国女性就业人员约为3.5亿人，女性占全社会就业人员的比重保持在46%左右，职业女性的比例全球最高，超过美国、英国、法国等发达国家。但是我国女性就业在社会现实中的平等状况与国家政策规定上的平等仍有较大的差距。正视存在的矛盾，客观分析其中的原因，采取更加有效的措施进一步推进女性平等就业，是促进女性和经济社会共同发展必须解决的重要问题。

在人类产生和发展的历史长河中，劳动起着决定性的作用。一方面，劳动不断创造人类所需要的生产资料和生活资料，提供人类生存和发展的物质条件，使人类的生命得以延续。另一方面，人类在劳动的过程中也使自己身体的各个部位，尤其是手、脚和脑不断发展，由不协调到协调，由不完善到比较完善，由低级向高级演进。劳动创造和发展了人类。因此，女性要争得与男性同等的发展权，首先必须取得与男性平等地从事合法社会劳动的平等就业权。

马克思主义妇女观认为，造成男女发展不平等的现实根源在于劳动的社会性别分工上的不平等，女性参加社会劳动的权利被剥夺或者削弱，没有稳定的经济来源，生存和发展都受到限制。因此，"妇女解放的第一个先决条件就是一切女性重新回到公共的劳动中去"。就业具有经济性特征。在社会主义初级阶段，我国实行的是以按劳分配为主体、多种分配方式并存的分配制度，就业仍然是劳动者获得个人和家庭经济收入的主要手段。大部分人解决吃饭、穿衣、住房、看病等基本生存问题需要靠就业所得到的经济收入来维持，养育子女、接受教育、参加学习培训等保证自身和家庭发展所需要的经费也要靠就业的收入来筹集。按劳分配首先要有"劳"可就，保证女性的平等就业权，女性的生存、发展才有稳固的经济基础。

改革开放以来，虽然女子从业数量一直居高不下，男女平等这个话题也在不断地被重新提及，公平的就业涉及妇女的受教育权、参政权、就业权，以及同工同酬等情况，然而，市场经济的趋利性却使女性在就业、教育等方面逐步面临日益严重的挑战。

当代社会，还是以家庭为主导地位，绝大多数的妇女在婚后还是要生儿育女的，在就业上，女性就业率下降幅度明显超过男性。由于女性在家庭职能中的关系，生育权一直是软肋，二胎政策放开使得女性同胞求职时遭受到性别歧视。

"生二孩肯定会影响工作的，因为，孕妇和非孕妇之间的工作效率是会有差别的，女性在考虑生孩子的同时，也需要考虑好自己的工作，合理安排生孩子的时间。"用人单位顾虑颇多，虽然生不生二孩完全在个人选择，但是既然现在国家全面放开二孩政策，就应该出台一些女员工怀孕期间的优惠政策，比如给用人单位一些补贴，让他们不要担心要承担太多的生育成本。在女性求职侵权事件频发的当下，不少女性的法律意识还很淡薄，"同工不同酬""合同期内禁止生育"、"怀孕后解除合同""孕期从事重体力、高寒高热工作"等情况，是女性在职场遇到最多的几类侵权事件。

许多用人单位为了规避一些招聘成本，在劳动合同里规定女性职工不得在合同期内生育，从法律角度而言这不仅是一种侵权行为，更是一种违法行为。有这种规定的劳动合同是无效的，女性职工可以到劳动保障机构进行举报和投诉，如果女性在孕期被解除劳动合同，可以依法要求用人单位赔偿。但是在这种歧视现象很普遍的中小企业就职的女性，有时候并不都能够拿起法律的武器保护自己。有的只能得过且过，选择职业时为了缓解当时的经济困难，许多不平等的条约也接受，这导致了后期女性在实现自己的生育权利时无法捍卫自己的合法权益。

在部分农村地区，由于重男轻女思想的存在，许多女性的教育问题没有得到平等对待，受教育水平低下，导致了农村女性就业就受限制较多，大量集中于报酬较低、劳动强度较大的劳动密集型产业。这一类女性的起点低，所以他们与男性竞争的条件就削弱了许多。

公平是市场经济的一个重要原则，在这一原则指导之下，不论性别，任何人都拥有平等的发展的机会。但是现实却不令人乐观，多表现为男人的主导地位和女人的从属地位。而现代的性别观念机械地抹杀男女在生理和心理上的差异，提出男女应该一视同仁，这明显忽视了男女的生理构造差异，其本质还是在维护男性所建立的价值体系。经过对这种观点的批判、继承和发展，妇女解放的新的目标被逐步树立起来：在承认差异的前提之下，追求男女两性平等，然而差异不是不平等的根据，男女双方应该共同为社会创造财富，推动社会的进步。

市场经济推动政治体制的变革，为女性腾出了一部分政治空间。封建社会是君主的独裁统治，是男性的社会。自古以来，政治是男性的专属地，女性与政治一直是绝缘的，男性的统治阶层提出了荒谬的"三从四德""男尊女卑"等一系列确定女性从属地位的封建礼节。但是，我国的市场经济的特点却改变了这一情况。市场经济的目标是优化资源配置，市场经济的优化配置不仅意味着经济资源的优化配置，也同样适用于政治资源的优化配置。从生理和心理上的特点和差异来说，男女有各自擅长的领域，他们也拥有共同的政治才能。在政治生活中，男女都应有各自的角色和职能。社会主义市场经济促进了政体的逐步改革，女性参政、议政的权利也相应增多。女性在政治中的觉醒和地位的提升，促进女性认识到"自我"是一个拥有健全的人格的独立个体。

有些人形容改革开放初期时的女性"像一汪清水，质朴、纯真"，改革开放后，女人就犹如在淡彩画上浓墨重彩了一两笔的亮眼的颜色。女人们漂亮了，洒脱了，倩丽了，不似以前除了"清汤挂面"就麻花辫，是、改革开放后，烫发、披肩发、马尾发、焗油、染色、装饰，呈现出随心所欲的发型。裙衣、健美裤、牛仔装、面包服、羽绒服、时尚暖装，观念的更新使服饰式样姹紫嫣红。时尚鞋帽、手挎包、各种首饰以及随手携带的各种装饰品、日常用品，和新中国成立后清苦那么多年的妇女相比，改革开放后的中国女人真正地"洋气"起来了。从时代的变化和时代文化背景看，人的衣饰习俗永远也脱不开时代文化的影子，脱不开一个时代社会意识、道德观念、价值取向的烙印，一个时代的衣饰习俗会受到这个时代审美意识趋向、思维意识变革、时代文化发展潮流所约束。

邓小平这位改革开放的总设计师绘制了改革开放的宏伟蓝图，把中国人民引向了那个只曾遐想、未曾见过的世界。人们的激情刹那间爆发出来。改革开放，注入新中国走向世界、与世界接轨的思想意识，带来了人们精神面貌的大变革。

"与国际接轨、与世界同行"成为人们的共识。思想的变革、文化的交流，带来了审美趋向的变化，也给我国的衣饰习俗带来了理念和思维的冲击。

在90年代初出现了不少传统丝棉纺织品的新型面料，这类面料制作的服装风靡一时。喇叭裤、直筒裤在当时被认为是追求资产阶级生活的"奇装异服"，虽然在社会上一度引起争议，但任何争议也阻挡不了开放的潮流。发式习俗成多样化发展，烫发、染法成为女人的喜好，披肩发、学生头、马尾式、蘑菇头、返翘等等发型各异，尤其女青年发型趋于多样化。女人崇尚化妆、保健等爱美追求已成为社会时髦。从国人的衣饰习俗看，改革开放之前的近三十年，我国的衣饰习俗基本走的是打破传统、限制洋味、国货改造、自力更生自我发展的路子，这也是当时的政治背景、社会背景、文化审美需求在那个时代的反映。

改革开放以来，在市场经济衍生出来的消费文化的影响下，导致女性追求那些虚华的外在美，同时社会极力挖掘女性的观赏价值，于是无数的女性便陷入了商家预设的商品化的陷阱，并在这个被编织的很美丽的世界中自我陶醉和沉迷。在商业化盛行的文化中，女性形象大多受到超现实再现，无数商家为女性形象制造了无懈可击但是却绝对不真实的模板，很多女性受众开始通过外界物品来装饰、改变自己的面容和身材，就只是为了与广告中的女性角色拥有一样的美丽外貌，广告作品利用女性受众对美的追求来增加其对自身的自卑感，从而增强内心的渴望，导致女性受众无法自我判断，无法自我审美，从而迷失在广告作品所暗示的审美期待中。这种方式逐渐开始影响到社会大众对女性形象的审美标准，使社会对女性的审美逐渐与广告作品所呈现的标准保持一致，使得这个审美标准更加具有商业化价值，暗示女性受众只有外在的美丑才是衡量女性价值的唯一砝码。女性想要符合社会审美标准就必须使用广告中的产品才能完善自己的外在，使其达到社会认可的审美标准。因此，产生的严重后果就是：女性的职业化和商品化，一些女性提倡脱离现实的享乐主义和消费主义。"干得好，不如嫁得好。"很多年轻的女性把自己的价值全建立在婚姻上，从"宁愿坐在宝马里哭泣，也不愿坐在单车上微笑"开始，拜金文化大行其道，不少的女性视婚姻为第二次投胎。这样的女性的不仅没有获得女性独立的灵魂，反而还会在市场经济大潮中迷失自我，成为男性的一种新的附属物。

中国封建专制体制延续几千年，男尊女卑思想根深蒂固，尽管今天时代已经发生了翻天覆地的变化，女性地位得到空前提高，但当今我们的媒体不可否认仍然存在着女性依附男性的旧思想痕迹，在女性形象的宣传上是存在偏差以及误解的，甚至潜移默化地暗示女性应该符合男权领域中的形象定位，并且按照男性的期望把女性形象分门别类，暗示女性受众应该朝着他们期望的目标而努力。

2. 婚姻观念的转变

我国目前的自由婚姻方面，一直都掺杂着一些传统的因素，在传统的观念中，男性的成就大多与事业上取得的成就紧密相关，而女性的成就往往被定位于妻子和母亲的角色。所以在改革开放之初的广大农村，还是男性青壮年外出打工较多，留守妇女承担了全部的农业生产重担，但所收获的仅够维持最基本生活，大部分生活开支还需依赖男子外出打工的收入。除此之外在很多农村地区谈婚论嫁时，重点看男方家庭的经济财力，收受巨额彩礼的风气依然很严重，与之相关的是妇女的生育自由权，在执着地遵守这类"传统习俗"的情况下不可能做到完全经济独立自主和生育自由，因为接受彩礼的同时意味着接受这样的婚姻带来的"契约。

但是婚姻市场多年来一直呈现"女性赤字"的状态使得男性也倍感竞争压力，单身男性的数量远远高于单身女性。男性想在婚姻市场上受到青睐，除了身高样貌气质的要求，还有就是经济实力过硬。似乎没有车、没有房子和没有丰厚的存款，男人就什么也不是。不过，近来中国女性开始把一些"软技能"放在经济因素之前。这又是怎么回事？

《我的经济适用男》是前两年在中国流行的一部电视连续剧。剧中讲述了时尚的女主角在大城市寻找"梦中人"的故事。她不是盯着开保时捷的有钱人，而是找了一名在电脑游戏公司上班的小职员，他关爱她。

两年后，这种"暖男"如今已成为中国女性择偶的一种偏好，"如果经济适用男是一辆车，它就是一辆丰田花冠车，手紧、可靠且价廉。该车型可能无法引起朋友的大量关注，也不会引发羡慕，但它可以载着你去到想要去的地方"。

3. 新时代女性生活理念的创新

在经济全球化这一个挑战与机遇并存的时代里，也有一些思想独立的女性保持着冷静的头脑，抓住市场经济带来的机遇来发展和完善自己，另一方面也规避了市场经济的商品和消费的消极属性，以免卷入其中。由于市场经济体制下杰出女性辈出，广大女性群众的偶像形象也变得鲜明，"上得了厅堂、下得了厨房、杀得了木马、翻得了围墙、斗得过小三，打得过流氓"成为新时代女性向往的形象。

但是在当今社会中，性别偏好在某些领域和企业仍然是一个衡量标准，使得职业性别歧视严重挫伤了女性的积极性。女性的角色冲突明显比男性要严重，因为在传统观念中，女性往往要照顾家庭、孩子，家庭角色与社会角色的冲突严重，使得女性不得不分散工作方面的精力来花费在家庭上。就男性而言，他们也希望女性扮演社会角色来分担他们身上的压力，但是却不希望女性占据主导地位。在选择自己的伴侣时，他们仍会选择贤妻良母、以家庭为主的女性。而这样的观念让女性开始矛盾起来。她们既依恋家庭的温暖，又渴望自强独立、实现自我价值。再者由于女性生儿育女的天性，削弱了女性在社会中的竞争力，婚后孩子没有人帮忙照顾、子成长教育等一系列现实的问题，迫使一部分女性选择了做一名全职家庭主妇，这使得她们经济方面更加地依赖于男性。

但是这并不意味着女性作为家庭主妇会斩断和社会的联系，也不意味着女性的社会作用减少了。女性相对于男性而言更愿意与他人交流、沟通、表达情感。而社交网络的普及发展，使人人都有发声的渠道，长期以来被抑制、封闭而天性更愿意沟通的女性在社交网络上更加有表达自我的欲望，不发微博不发朋友圈就不舒服斯基的女性占据社交网络的主流，所以女性的声量逐步追上占据社会主导地位的男性。移动互联网时代对碎片化时间的有效利用更加解放了女性的抑制，整个社会更加注意女性的表达和女性的意愿。

　　对于发展成熟后的市场经济来说，女性化思维已然成为一个不可缺少的元素，因为女性思维是一种感性思维。长期以来，感性思维一直都是创业的大忌，一般人认为创业必须精于功能的设计、成本的控制、流程的管控、政商关系的处理，男人的特质中的理性、精明，是创业成功的必备素质。但是现在信息资讯已经全网覆盖，人们的基本需求被满足之后，更在意产品的情感属性，更追求产品之于个人品位的意义。互联网的迅速发展，体验经济正在兴起，网络化的商品经济也对零售有了更高更多的要求。女性的一些特质对于体验经济有很好的帮助，因为相对于男性擅长理性思维，女性更加感性，更擅长于体验。女性在购物上有许多的"天赋"，女人购物心得可以给零售商家更多的灵感启发，不少人发现了这一特点，对产品服务以及服务质量方面进行升级，更加贴近女性化的设计使得女性在购物消费方面占主导地位。

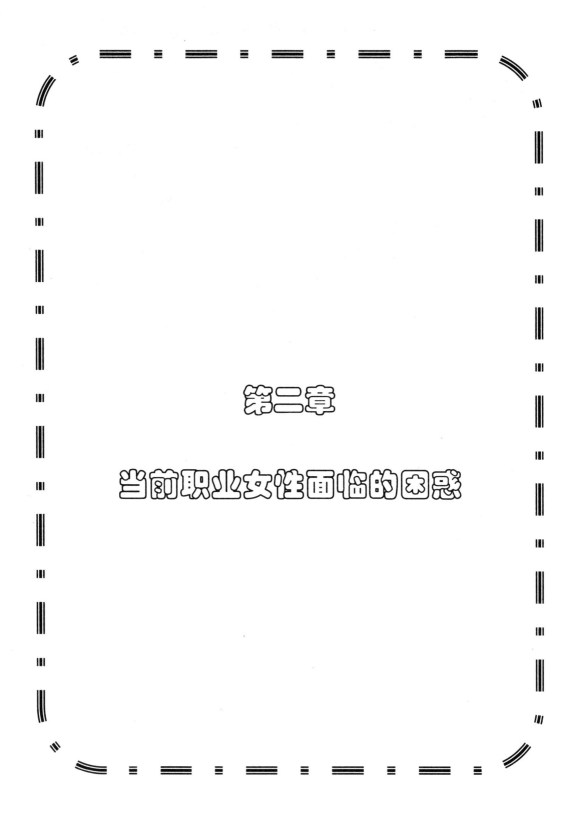

第二章

当前职业女性面临的困惑

"生活在我们伟大祖国和伟大时代的中国人民，共同享有人生出彩的机会，共同享有梦想成真的机会，共同享有同祖国和时代一起成长与进步的机会。"习近平总书记阐释中国梦的这段话激励人心，同时也意味着女性同男性一样，共同拥有发展与进步的机会。女性占有半边天，职业女性更是女性的中坚力量，职业女性家庭幸福和谐是社会和谐的重要组成部分，是实现中国梦的有力保障。但是，职业女性在现实中却面临着比男性更多的困惑，因为职业女性不但承担着社会责任，还承担着大部分家庭责任。

随着现代社会的不断发展，女性逐渐走入工作场所并在各行各业担任重要职责，但是传统"男主外，女主内"的家庭分工模式和"三从四德"的封建道德观念，要求职业女性同时扮演贤妻良母的形象。根据相关调查统计显示，关于是否赞同"男主外，女主内"的传统观念，4.7%的女性完全赞同，52.0%的女性比较赞同，15.7%的男性完全赞同，48.0%的男性比较赞同。可见，这种观念仍是社会的主流思想。传统的思想观念和家庭的重担使女性不能全力以赴地工作，导致职业女性职业发展受到限制，职业、家庭双重压力使女性陷入两难的困境。

第一节　职业女性在职业与家庭中所面临困境产生的原因

1. 难以逾越的传统观念

不可否认，几千年的男性社会历程，已经在很多领域刻下了男权的烙印，形成了男性成为主导力量的格局，也形成了一种具有性别等级的文化。这种文化和社会意识从人降生就开始灌输他们这种不同的性别规范，从而在其可以自我选择之前就已经形成了男强女弱、男性主导的意识。长久以来，"男在外闯世界，女在家保稳定"被公认为天经地义的事，对女性的要求只是贤惠、柔弱，而女性的聪明、能干、坚韧等品质却往往被轻视或忽略。头脑中这种根深蒂固的传统观念由此对女性造成的性别歧视，在职场上主要表现在以下几个方面：

(1) 存在职业性别隔离

职业性别隔离指劳动力市场中存在"女性"职业和"男性"职业的现象。职业性别隔离表现在三个方面：一是横向隔离，男女性别在某一职业中的构成比例与其在全部劳动力人口中的比例不一致，如就业人员构成中的男女性别差已扩大至26.2个百分点，而我国总人口构成中的男女性别差却只有3.04个百分点；二是纵向隔离，男女两性在职务等级和职业地位等级、职称等级中的构成比例存在显著差异；三是男女两性整体收入存在明显差异。

(2) 制度措施上的不平等

在当今就业形势严峻的情况下，招聘录用上存在不平等。在相同条件下，许多招聘单位往往将女大学生拒之门外；在职业培训方面，无论是一般培训还是专门培训，或者是业务外出，女性都较男性更少有机会；在配置安排上，女性劳动力的流动频率小，造成劳动技能单调，就业领域狭窄；在福利制度上，许多单位相同条件的女员工不能获得与男员工平等的福利待遇，女职工安全缺乏应有的保障；在退休制度上，男女两性不同退休年龄的规定使每一位女职工缩短了就业时间，降低了收入水平；另外女性在加薪、晋升等问题上遇到的挑战和困难会高于男性。

2．难以平衡的社会角色

现代女性的角色构成基本上是由家庭角色和社会角色两大类复合而成的。随着社会的发展，职业角色成为女性在扮演传统的家庭角色之外的又一重要社会角色。但社会、家庭双重角色的承担，使其处在重重的角色矛盾之中，给女性带来前所未有的精神压力与心理困惑，严重影响着女性身心的健康发展。

(1) 双重要求与标准带给女性的困惑

社会对女性的要求是男女两性化的重叠要求，既希望女性都有很强的事业心，如吃苦耐劳、好强、刚毅、独立等等，又希望她们具有根深蒂固的传统文化认定的女性特质，如依赖、柔顺、随和等。另外，在传统观念中，对男性和女性"成功"的评价标准不一。在以男性为主的传统价值观念中，男性只要事业成功，例如职务升迁、工作获奖、发明创造、专业升级、发财致富等等，都被认为是一个成功者。而女性的成功要受双重标准的检验，必须事业和家庭两方面同样成功。这种不公正、不合理、不易冲破的传统偏见和价值观念，就使得职业女性长期处于两种角色的矛盾冲突之中，承受着世俗舆论和自己心理的压力，而不如男性勇往直前。

(2) 事业家庭冲突带给职业女性的困扰

在以男性为中心的文化中成长起来的男性，认为男性是干事业的，女性必须以家庭为重。因而时时会指责工作积极的妻子不顾家庭、缺乏母性、没有女性味等。因而她们困惑于自己的强大，已婚的职业女性困扰就更多，常常处于一种进退两难的境地。

(3) 市场经济变革带给职业女性的困惑

在改革开放的过程中，我国女性一方面遇到发展的契机，取得真正意义的男女平等，涌现出许多事业成功的女性。另一方面，受"单位所有人"影响极为深刻的中国女性，在竞争原则、效益原则的新的衡量尺度下，面临被精简、被调整、下岗回家、等待再就业等问题。职业女性内心很不平静，她们感到自己的社会角色时时受到威胁，产生角色困惑。

(4) 难以克服的自身因素

1) 自我认知偏低

事实上虽然男女两性在智慧、才能等方面并不存在显著差异，但传统文化环境总在影响或暗示：女人不如男人，女性应该柔弱。长期以来，女性受这种社会传统观念的影响，形成了错误的自我意识与思想观念，认为女性在工作能力、思想深度等方面与男性存在一定的差距，因此，女性在工作中有意无意地产生了依赖、顺从、迎合男性的思想。有些女性总认为自身能力不够，认为"男性能力天生比女性强"。女性的这种自我认知和自我定位导致女性在事业上容易失败，影响职业发展。

2）竞争意识不强

有的女性把竞争和"权力欲"看作是男性的专利；有的女性在困难和挫折面前，轻易地"谅解"自己，错过发展机会；有的女性在思想上、理想上渴望自立、自强，但行动上不能为竞争所需的人力资本做储备，时间价值利用率较低，无形中减少了参与竞争的机会。

3）对传统角色分工的认同

一些女性尽管在学校读书时才华横溢、雄心勃勃，但一旦成家生子，便存有"母借子荣而耀，妻凭夫贵而荣"观念，放松了事业追求。有的虽然锐志不减，但一遇到家庭与事业的矛盾、自己事业与丈夫事业的矛盾，便甘为家庭、为丈夫和孩子放弃事业。

第二节　职业女性的家庭生活压力

职业女性困惑的主要原因在于难以实现家庭和事业的兼顾。一直以来，人们都把女性置放在家的范围内，并给家的概念赋予了许多职能，如抚育和赡养、休息和娱乐、经济和消费、生产和教育以及性生活等职能。女性则是在家中实现这些职能的贤内助。当这种"女性＋家庭"相统一的思想观念以习惯和传统的形式沿留下来时，人们对女性的期望以及女性对自己的期望也就顺承了下来。人们不但要求女性要以家庭为主，强调家庭的重要性，女性自己也会意识到家庭对一位女性来说是多么的重要。由此一来，女性在职业生涯中就会面临比男性更大的难度，产生相对更大的压力。

1．家庭中多角色冲突的困惑

(1) 妻子的角色

家庭生活中"妻以夫为纲"的观念依然占据主导地位。妻子的大部分时间和精力都束缚在这个以丈夫为核心的家的范围之内。妻子的日常家务劳动成为附属于丈夫个人所有的私人劳动，妻子的社会工作也成为退居家庭之后的次要选择。这种性别角色观念在家务劳动中可以略窥一二，以下岗职工家庭为例，下岗职工中回答"家务主要由妻子做"的，女性为55.5%、男性为54.0%，而选择"主要由丈夫做"的分别仅为5.0%和7.1%。下岗职工中女性的满意度是相当高的，选择"很满意""比较满意"的分别为12.7%、47.5%，"不太满意"和"很不满意"的仅为10.2%和1.7%。在家庭中，夫妻之间"男主外，女主内"的职责分工依然很明确。大多数人认为家里的家务活应该由妻子来完成，认为家务活是妻子应做的分内的事情，妻子本人也非常认同这种观点，而认为家务活应该由丈夫来完成所占的比例相当少。从整体上看，让丈夫来完成家庭生活中的主要家务活仍然是件让大多数人难以接受的事情。

(2) 母亲的角色

著名家庭教育专家王东华在《发现母亲》中，强调女人的母性特征，认为女性最大的职能就是做一个优秀的母亲，女性最大的骄傲就是培养出优秀的孩子。母亲的这种生理功能，与教育和抚养孩子的职能紧密联系在一起。从孩子一出生，母亲每天就要付出相当多的时间和精力来照看孩子的衣食住行，细心地呵护这个稚嫩的生命。在孩子成长的漫长的过程中，真正与孩子亲密接触的是母亲，母亲每天都要在家中为孩子忙忙碌碌，在这些琐碎、繁杂的事情中日复一日地衰老，一如孩子日复一日地成长。对于一位在社会上没有职业的母亲而言，家庭和孩子就是她的全部，全身心地投入到家庭和孩子中就是她的工作；而对于一位有职业的母亲来说，对孩子的投入会直接影响到自己的工作。

(3) 女儿、儿媳的角色

当子女纷纷长大成人步入婚姻时，女性就不仅是父母的女儿，还是公婆的儿媳，一对夫妇要肩负起赡养四位老人的义务。事实上，在日常生活中，对老年人照料最多的还是妻子。妻子出于对丈夫的谅解和社会上对女性照顾老年人的思想观念的认同，担起照料老年人的责任。妻子无论在时间、精力，还是感情等各个方面的投入都比丈夫多。"从覆盖面上来看，照料者的角色的顺序依次是'儿子'(52.3%)、'儿媳'(44.9%)、'女儿'(39.8%)和'配偶'(33.7%)，这些都属于第一梯队的照料者角色；女婿(17.1%)和孙子女(16.9%)属于第二梯队；在介入概率上，最高的是'配偶'(78.3%)，'儿子'、'儿媳'和'女儿'是第二梯队，介入概率分别是25.0%、23.3% 和20.6%，'女婿'的介入概率低到只有近一成(9.3%)，由介入程度的指标来看，照料者的顺序依次是'配偶'(499.71)、'保姆/小时工'(331.46)，这是介入程度最高的两个角色。其他是'儿媳'(244.55)、'儿子'(158.29)、'女儿'(89.93)、'女婿'(60.75)。"可以看出，扮演儿子角色又扮演女婿角色的儿子、丈夫在对老人照料的覆盖面、介入概率和介入程度方面都远远低于既扮演女儿角色又扮演儿媳角色的女儿、妻子。

2. 开放二胎，职业女性面临的问题

中国全面放开二胎政策，目的是扭转人口老龄化趋势，也就是说，现在每一对夫妇都允许生养两个孩子。这一政策势必会对社会带来一些巨大的变化和深远影响。在人口结构上，这对改变我们国家目前日趋严重的少子化和老龄化有着积极的作用。

放开二胎的政策，最直接的受影响者肯定是女性。女性一旦选择生育，就会不可避免地承担怀孕、哺乳的全过程。在这种情况下，职业女性面临诸多困惑问题。

(1) 处在兼顾家庭与工作之间两难的境地

女性在面临家庭和工作升职的选择时，往往摆在她们面前的是一道难以抉择的难题。一方面，家庭的儿孙满堂是她们的责任，另一方面，是事业的晋升和职业发展的残酷。这注定是一个需要慎重权衡的问题。同时，家庭中长辈的要求往

往和女性的生育意愿冲突。有部分女性在生完一胎后，不想再生育第二胎，但是家庭观念传统的长辈往往认为多子多福，并且极力要求女性生育二胎。在新的国家政策鼓励和家庭中众多长辈的要求下，女性在很多时候并没有自己决定"生与不生"的选择权，这也对其的职业发展产生了方向性影响。

另外女性必定要经历怀孕生子过程，同时生育会导致女性身体不适，注意力不集中，工作效率低下。生育后生活重心就从工作上转移到两个孩子上，花费更多精力和时间在照顾两个孩子上，在家庭花费的时间更多，对工作渐渐失去热情，导致女性的工作效率降低。

(2) 面临新的"职场性别歧视"

据世界银行数据显示，中国 64% 的劳动者都是女性，为全球十大经济体中最高水平。不少分析师和社会学家认为，大批中国女性之所以能跻身企业管理层，要归功于国内自 1980 年推行的独生子女政策。鉴于女性在劳动力市场的高份额，"二胎"政策的影响是显著的。

中国多数女性求职者在面试时曾被问及是否符合生二胎的资格，以及是否计划生两个孩子。中国妇女研究所近日在一项关于性别歧视的调查中表示，86% 的受访女学生表示，在就业市场遭受了不同形式的性别歧视。"二胎"政策很可能让女性求职变得更为困难，原因是生二胎意味着雇主必须给女员工第二次产假，而休产假会导致公司劳动力成本增加，因此许多企业不愿雇佣女性。

通常情况下，职业发展要求成员的连贯性。如一些科研项目要求研究人员从一而终，或者一些对时间连贯性要求特别高的职业都要求保证女性的工作时间。女性一到两年的生育期就意味着整个工作进展的迟缓甚至失败。所以这也是造成女性生育二胎在找工作或者晋升时遭遇阻碍的原因之一。减少公司职员的流动性有利于减少公司用人成本，用人单位更倾向雇佣稳定的员工。对于女性员工来说，能够在一阶段保持稳定在一个行业、一个公司、一个职位对于其个人发展也是有利的，在职业发展阶段，由于生育二孩的原因中途停滞，对其个人发展也会造成很大的影响。

第三节　职业女性的职场工作压力

1. 来自工作竞争上的压力

工作中的压力是方方面面的。首先从就业压力上看，根据对女性不同年龄阶段生存压力构成的分析可以看出：过去就业压力随着职业女性年龄的增长、社会经验的增加和工作经验的积累，逐渐减小，单位喜欢用有一定经验、家庭稳定的女性(30～45 岁)，而现在却往往采用考试聘用，把这些年龄偏大、记性和反应偏差的女性给淘汰(40 岁以上)；其次从竞争压力上看，激烈竞争压力始终贯穿职业女性的职业生涯，并占据主要地位。俗话说职场如战场，不进则退，也是很多职场女性的压力源泉；再次从知识和技能的更新压力上看，为了社会的进步与发展，也为了应对当今激烈的竞争，知识和技能需要不断储备和更新，也是导致职场女性产生压力感的重要原因。她们一方面得克服工作、家庭的压力，不断给自己充电，这样才能适应日益发展的工作需要，才不被社会所淘汰。

有相当一部分女性，在企业里担当中低层管理干部，也有一些从事着财务、行政、人事等工作，总的来说，这些工作技术含量不是特别高，优势不是特别明显，加上"后辈晚成"的挑战，她们很容易被别人替代。职场也如"逆水行舟，不进则退"，她们的担心不无道理。但职位的晋升、地位的提高以及诱人的薪水如今成了成功的标志，尤其对于事业心强的女性，随着年龄的增长，精力和体力甚至容颜都如流水东逝，与身边生龙活虎的男同事或者"年轻"女性相比，她们会产生很大的压力和失落感。随着年龄的增长，精力和能力都不允许她们再陷入无休止的职场"厮杀"。在她们眼里，继续待在目前的公司，与其说是在等待晋升的机会，不如说是一种习惯使然，也陷入了一种迷惘之中。

2. 来自人际关系上的压力

过去评价一位同志往往是看领导意识，领导们要出业绩就需要员工们努力工作，员工们所做的努力绝大部分领导是看得真切的。而随着社会的发展，民主意识的加强，把权力下放给员工，搞民主评议。这本是一件大好事，可现在的员工素质不强，他们未必能客观地、实事求是地评价一个人。她们往往拉帮结派搞关系(在女性中尤其突出)，这样一来你如果没有参与小团体，在单位中一旦投票你是非吃亏不可，这不但不利于团结也不利于单位发展，更严重的是人心惶惶，特别是中层女性更不好做事也不敢做事，但一个单位要生存就得有规矩，就得做事，所以中层女性的压力就可想而知了。而她们的性格又都比较要强，当她们的工作不被上级或者外界认可的时候，很容易产生自卑的心理。在她们受到指责的时候，她们会觉得受到了嘲弄，自尊心受到伤害，这使她们不能客观地看待自己。而面临压力或挫折时，职业女性与男性的应对方式不一样。男性比女性更可能寻求业余爱好并积极参加文体活动，坚持自己的立场为自己想得到的去努力，找出几种不同的解决问题的方法，以及尽量克制自己的失望、悔恨、悲伤和愤怒等。职业女性则倾向于与人交谈，倾诉内心烦恼。另外职业女性从心理和性格上讲，有些"先天"的不足。比如，女性比较注重面子，缺乏大气魄，这样就会影响职业女性特别是女性领导者的魅力，而男性在这方面往往具有得天独厚的先天条件。女性往往太在意事情的细节和处理问题的方式和方法，好的一面是可以使问题比较平稳地解决，但是有时候也会给自身带来麻烦，比如过于考虑照顾下属的面子而使问题没有达到最佳的解决效果，使自己处于一个两难的尴尬境地。调查显示，女性在责任面前一般缺乏主动性，在事件来临时一般女性会躲在后面。在与人交际中会瞻前顾后怕得罪人，这是职业女性的通病。

3. 职场性骚扰

性骚扰作为一个具有危害性的社会问题，一直以来都未引起社会的广泛关注。直到 20 世纪 70 年代，美国女性主义者凯瑟琳提出性骚扰概念之后，该问题才进入人们的视野。近几年屡有发生在职场的性骚扰事件，而受害者大多是女性，这个问题再次成为职场女性面临的一大困扰。

现代女性由于性别歧视在工作中提升晋级较难，不能享受完整的工作待遇和发展机会，而且处于权力的边缘。女性进入高层领导阶层的比例更低，归纳起来有三点：配角多，主角少；虚职多，实职少；下层多，上层少。可见，男性与女性在权力位置上是不均等的。杨长苓指出："性骚扰是在权利不平等的情景中，提出违反对方意愿的性要求，也就是说，某些社会群体会以特殊位置的权力，意图在其他领域中同样获益或剥削。"从权力的角度出发，职场性骚扰经常发生在权力资源较强的一方施于权力资源较弱的一方。这种权力滥用就会阻碍或伤害女性受害者享有完整工作待遇与发展机会。在职场中，无论从性别文化角度还是从权力实践角度，女性更多处于弱势地位。因此，女性更容易受到性骚扰。一旦女性奋起反抗，便会有可能受到权力的压迫，甚至失去就业机会，假若女性不反抗，这样会对女性身心造成很大伤害，自然也会影响女性职场作用的发挥。职场女性每天停留在办公室的时间大约 9 个小时，因此，在办公室保持一份好心情和良好的状态非常重要，然而职场性骚扰越来越多侵入职场女性的生活，使工作环境受到污染，如乌云笼罩了职场女性的好心情。同时，女性长期在性骚扰的困扰下，精神不堪压力，会出现一系列生理和心理上的疾病，如妇科病、惊恐不安、睡眠障碍、焦虑等，大大降低了女性职场地位和作用，使女性不得不选择放弃目前的工作，也对女性的家庭生活造成很大影响。

第四节　职场女性的身体亚健康难题

"上得了厅堂，下得了厨房，写得了代码，查得出异常，杀得了木马，翻得了围墙，开得起好车，买得起新房，斗得过二奶，打得过流氓。"这是此前网上流行甚火的新时代女性标准。虽然只是一句调侃，但是也可以看出，现代的女性比起过去要承担更多的工作和责任。

职业女性面临着事业和家庭的双重压力，使其在生理、心理上不堪重负。其特点是：

(1) 城市职业女性的体力劳动强度和时间比过去小，但精神压力明显加大。

(2) 59.6%的被调查者表示，她们是家庭成员健康的主要维护者，但对自己健康的关注程度排在老人、孩子之后，表现出对自身健康的忽略。

(3) 城市环境喧闹，住房拥挤，加之作为女儿、妻子、母亲、雇员等角色的矛盾与冲突长期存在，带来较大的心理压力，普遍处于"亚健康状态"。

1. 生理健康困扰

美国俄亥俄州立大学发布的一项最新研究结果显示，与男性相比，长时间工作的女性面临更多健康风险。每周工作超过 60 小时、持续高压工作超过 30 年，会使女性患肿瘤、心血管疾病和糖尿病等病风险增两倍。

由于心理压力过大，空气、水质、食品等大环境和现代化家用、办公用电器辐射等微环境污染，吸烟(包括被动吸烟)，缺少体育运动等，使职业女性面临着体质较早衰退的后果。加之，女性的生理功能维系于卵巢功能，在上述不良因素的影响下，原来应在 45 岁至 55 岁才会出现的卵巢功能早衰提前出现。此外，高龄不育或初产，哺乳时间太短或完全人工喂养婴儿，青年女性好发的某些自身免疫疾病也常可累及卵巢，使卵巢功能衰退低龄化发病率逐年增高，更年期提前到来。

由于职业女性经常加班、熬夜，容易导致新陈代谢失调。尤其是每晚睡眠才 4 个小时或者不足 4 小时的女性，身体新陈代谢会出现问题。同时，大脑—垂体—卵巢的功能出现失调，从而引起月经改变，进而导致妇科内分泌失调的症状，如月经紊乱、面部有痘斑等。此外，新陈代谢出现问题，血液循环不畅还会影响身体对于废物、毒素等物质的排出速度。

职业女性常年坐着，缺乏运动，容易导致下半身血液循环不畅，比如总跷二郎腿会妨碍腿部血液循环，造成盆腔内气血循环不畅，导致女性原有的某些妇科炎症问题加重。此外，长时间坐姿不佳，还可能引起慢性附件炎，导致病原体经阴道上行感染并扩散，继而影响整个盆腔。尤其是女性经期，久坐容易使经血逆流，造成慢性盆腔充血，刺激周围神经而造成肿胀。

职业女性由于长期久坐，月经前及月经期常有剧烈疼痛。这是因为久坐加上缺乏足够的运动，导致气血循环障碍；有些是因久坐导致经血逆流入输卵管、卵巢，引起下腹痛、腰痛，尤其有厉害的经痛，这就是巧克力囊肿，是导致不孕的原因之一。此外，气滞血瘀也易导致淋巴或血行性的栓塞，使输卵管不通；更有因久坐及体质上的关系，使子宫内膜组织因气滞血瘀而增生至子宫外，形成子宫内膜异位症，最终引起不孕。

2. 心理健康威胁

女性在职场上展现出的才华和能力较之男性毫不逊色，然而女性天生的敏感使得其对压力的感知比男性更加明显。职场女性身心健康不容乐观，调查发现，九成以上女性认为自己的压力大于男性，68.6%的女性觉得自己很易忧郁，73.6%的女性觉得平时有浑身乏力、懒散的症状，56.8%的女性觉得自己在职场上不会再有大的突破。有调查表明，来自职场的压力和竞争以及来自于家庭的生活压力，让大多数女性感到难以承受。56.58%的女性表示自己有很大的心理压力，11.37%的女性表示有一定的心理压力，只有 1.53%的女性表示自己毫无压力。而某健康网站的一项调查表明，产前抑郁症、经期综合征和更年期综合征是职场女性心理健康的三大杀手。

另外，心理压力来自职业角色与家庭角色的矛盾产生的压力。工作单位要求所属成员(包括女性)具有敬业、进取和开拓的精神。家庭里她们却被要求成为温柔、贤惠和本分的妻子和母亲。这种不同角色的反差所引起的冲突，必然会对她们的心理产生影响。

一方面，社会生活与家庭生活的矛盾产生的压力。传统上，女性被要求在家庭生活中担负比男性更多的责任，因此她们在社会上与男性竞争时，实际上并不处于同一起跑线上，而不得不背着沉重的包袱，从而加大了压力。另一方面，女性对自己的过高期望与这一期望难以实现的矛盾产生的压力。不少职业女性事业心较强，对自己的期望较高。但是，由于多种主客观原因的限制，有些人常常遇到挫折，使期望难以实现。于是怨天尤人，无法接受现实，以致出现心理障碍。

第三章

关于 "嫁得好不如干得好" 的讨论

改革开放后，人们生活变好了，祖国变强大了，在国际上的地位也越来越高，这是我们值得骄傲的地方，但是在取得成就的同时，我们也发现现在妇女的实际地位似乎降低了，很多招工信息上性别歧视、年龄歧视、同工不同酬的比比皆是，而女性是首当其冲的受害者。面对如此现实，越来越多的女人把精力用在了穿衣打扮和美容上，把自己的未来寄托于找个有钱老公，而不是个人创造、积累财富能力的提高上。据调查显示，赞成女人"干得好不如嫁得好"的说法不在少数，但是事实真的如此吗？

第一节　干得好未必不如嫁得好

对女性来说，嫁得好还是干得好的讨论从来未停止过，因为这代表着女性最关注的两个方面：家庭与事业。"嫁得好还是干得好"的话题之所以出现频率如此之高，跟近年来大学生就业难、剩女增多等不无关系。毕淑敏曾说过："爱情可能消失，事业却可以永恒。"一直以来，人们总习惯于把女人的命运与婚姻联系在一起，以婚姻成功指数作为女性是否幸福的计量器，似乎女性一生的错误没有比选错婚姻更严重的了。在女性不断追求自身价值的今天，一些女性开始在婚姻之外寻找更加独立的人格和尊严，事业渐渐占据女性的主导意识。对当代的女性来说，拥有一份挚爱倾心的工作，就像是为自己种下了一株永不凋零的神秘花朵，妖娆生长，花开不败，始终如一日地散发着魅力的芳香，熏炙着每一日，变得不同寻常。爱一个人，也许会有背叛。爱一只狗，虽然不会背叛，可是它会老去。唯有爱一桩事业，它是奔腾不息的。你付出的是青春，它回报你的是惊喜。你可以消失，但你在你的事业中永恒。当我们阅读着一部经典的作品，当我们注视着一座伟大建筑的遗骸，当我们摩挲着一个古瓷小碗，当我们在星斗的照射下缅怀人类所有的探索和成就时，我们就是在检阅事业的花名册了。

记得有个电视节目《非诚勿扰》，里面有一位女嘉宾马诺说过一句话："我宁愿坐在宝马车里哭，也不愿坐在自行车上笑。"此言一出，大众哗然。有不少人都给马诺起了个外号叫作"拜金女"，大意就是认为马诺太"拜金主义"了，在寻找爱情的时候更看重对方的金钱。可是网上调查的结果却让人大跌眼镜，有将近一半的人都有和马诺差不多的想法。

婚姻不再是现代女性生命中唯一重要的选择和归宿，它被赋予了一种更深层次的意义。婚姻是一项为之奋斗的事业还是一个随遇而安的归宿或是一种金石前盟的等待？每一位女性都有着自己不同的理解。

"嫁得好"意味着不用劳动筋骨，不用绞尽脑汁，饭来张口、衣来伸手，每天徘徊于美容院、超市、麻将桌、孩子、保姆之间……

"嫁得更好"更意味着可以飞行于国际间，出入五星级俱乐部，打球、游泳……

嫁得好真的可以改变一个女人的命运吗？答案可以是肯定的，你看看灰姑娘，嫁了王子从此就过上了幸福快乐的生活了，当然这只是童话。生活中也有例子，多少女星嫁入豪门过上了常人无法想象的奢华生活。答案也可以是否定的。多少女星嫁入豪门后又出来了，原因大家都懂，豪门不是人人都适合的。关于这个答案，我想到了两部电影，《泰坦尼克号》和《安娜·卡列尼娜》。

在《泰坦尼克号》里，女主角罗丝和未婚夫卡尔可谓是门当户对的代表，都属于今天的"富二代"，在父母的眼里，他们俩的结合应该算是令人艳羡、顶配的婚姻，可最终罗丝却选择了仍然奔波在人生路上的画家杰克。为什么呢？因为杰克有朝气，很阳光，懂生活，能让她放松，能给她带来前所未有的身心愉悦，而身上贵族气息很浓的卡尔，只会让她感到紧张、虚伪，甚至是压抑。

《安娜·卡列尼娜》中，年轻貌美的安娜嫁给了高官卡列宁，后因与渥伦斯基的婚外情败露，遭到上流社会的唾弃。按理说，安娜作为万人艳羡的贵妇，车子有了，房子有了，社会地位和金钱也有了，她应该相夫教子，老老实实地做好一个贤妻良母，为什么还要出轨？还要背叛家庭？安娜说了这样一句极其震撼人心的话："我是个人，我要生活，我要爱情！"卡列宁给了安娜炫目的财富和社会地位，却给不了她温暖的爱情。而女人的一生恰恰离不开的就是爱。

找老公对女人来说就像购买股票。买股票需要具有相当高的鉴别能力，能分清绩优股和垃圾股，找老公也是一样。但是，婚姻这只股票更金贵之处就在于，女人只能买绩优股，不能买垃圾股。一旦选错了，贬值的不仅仅是婚姻，而且还包括女人的心理、精神、身心和生活。其代价就是失去幸福快乐，使生活的质量大打折扣。在一道道诱人的大餐面前，女人还要多做几番考量。这些女性往往把婚姻看作是改变自己命运的最佳途径，把自己对物质欲望的理想附加于对婚姻对象的选择之上，认为嫁得好就万事大吉了。而事实上，在这样的意愿之下所选择的婚姻通常不会维持太久，女人们的幸福理想也通常难以实现。一旦选择出嫁，幸福与否，只有自己的心里清楚。而这个时候才清楚，往往已经有些晚了。

任何一部伟大的艺术作品，都是现实社会的浓缩或剪影。许多痴迷"嫁得好"的女人，或许会为罗丝、安娜惋惜，甚至嘲笑她们傻得冒泡。在她们看来，嫁给卡尔和卡列宁，嫁入这样殷实富足的家庭，从此可以衣食无忧，可以什么都不做，当个养尊处优的全职太太有什么不好。但是，当一个女人把物质利益看得太重，不是出于爱而奔向一个男人的怀抱，并因此企图改变自己的命运，或许越改越乱，幸福从此离你越来越远。有些女性认为，物质是一切梦想的基础，要用美貌来换取财富。要实现理想，靠自己努力奋斗不仅辛苦而且遥遥无期，还浪费了宝贵的青春资源，不如直接找个"钻石王老五"来得实惠。这类女性坚信干得好不如嫁得好，把经营男人当成女人一生的事业了。也许她说得没有错，这的确是一条获得幸福生活的捷径。然而，干得好真的不如嫁得好吗？那些想以婚姻为跳板的女性总是被眼前的美景迷惑着双眼与思想。仅靠青春与美丽来征服社会的女人是非常浅薄的，她们获得的幸福也是浅层的。聪明的女人都知道，美和幸福来自于自信、自尊和独立，用自己的双手去创造幸福才是上上策。因为谁都无法保证自己的婚姻没有冬季。每个人都是独立的个体，试问如果一个女人完完全全依附另外一个人而生存，那么她还是一个独立的人么，她只是一个寄生虫而已。当然也许有人乐意做这种寄生虫，但是如果有一天这个被依附的个体不存在的时候，那么这个女人该如何生存，如何面对生活？嫁得好一时未必能过好一世，女人不应该把自己的命运附加在任何人的身上，拥有自己的一片天空会让生活更加充实、丰富。女人干得好是为了自己，是为了自己能够更好地生活，而不是依靠谁。女人时刻要保持独立，这样，在婚姻遭遇"冬季"时，才能处变不惊，毕竟干得好是自己的，嫁得好是别人的。

一个女人，如何才能干得好呢？一个女人要想干得好，必须从内心深处完全认识到"嫁得好不如干得好"；必须想着靠自己谋生，摒弃依赖男人、依赖婚姻的错误想法；必须学会在"物竞天择，适者生存"的社会中自立自强。人的生存要靠自己，人的价值也需要通过自己的努力去实现。可如今越来越多的女人由于喜欢依赖男人而放弃自我奋斗，或许她们本身就不明白这样一个道理：即便"烦恼太多，未来太远"，也绝对不应该把自己本应承受的生活压力完全转嫁给自己的男人。喜欢依赖男人的女人都是不敢自己创造、害怕独立的人。没什么比依赖男人的习惯更能破坏独立自主的能力了。如果你依靠男人，你将永远强大不起来，也不会有独创力。

第二节　幸福家庭的条件

　　良好的生活条件、理想的职业、稳定的收入等等都是幸福家庭的基础，但并不是决定因素，幸福家庭的根源是家庭成员的和睦相处、互相信任、相亲相爱。

　　人类本性对婚姻和家庭幸福的追求与生俱来，判断是否幸福的标准主要有二，一是物质生活水平，二是家庭成员之间的和睦程度。俗话说，"男怕入错行，女怕嫁错郎。"说得确实有道理，一个女孩子如果嫁错了，那么她的一生可能就不会幸福。她们通常把物质生活水平的高低作为衡量幸福的尺度，有意无意和周围人攀比，越比心里越不平衡，然而嫁得好并不等于嫁给有钱人，同样嫁给有钱人也不代表就会拥有幸福。草率地嫁个有钱人以求换个长期饭票，实际上是一种冒险，等于把自己的命运交到了别人的手中，幸不幸福也就靠别人来掌控了。幸福感取决于人的生活态度和价值取向，它是一种精神层面的自我感觉，良好的生活条件、理想的职业、稳定的收入等，这些都是婚姻和幸福家庭的基础，但不是本源和决定因素。托尔斯泰说："幸福的家庭都是相似的，不幸的家庭各有各的不幸。"相似指的是大多数家庭生活结构、模式、状态，各有不幸指的是不同人对幸福本源的把握程度。如果说幸福感是来自于精神层面的认知，那么这种感觉的主要来源不是物质，而是人与人之间的互动交流和社会价值取向，家庭是社会成员中最亲密的团体，家庭成员之间有其独特的交流方式和内容。男女因爱而结成婚姻，因婚姻而创造家庭，家庭成员在持续的互相交流中形成稳定的家庭关系，进而产生亲密、慰藉、关怀、安全感、幸福感，由此可见家庭成员之间的真爱决定家庭的幸福。

人们常把家庭幸福感的降低归咎于现代生活节奏太快、工作压力太大以及社会关系的变化。殊不知，幸福和快乐原本就是家庭特有的功能。家庭幸福感的降低，在很多情况下是因为家庭生活与社会生活的错位所致。

靠自身的努力来得到一切才是真正属于自己的，生活也才能最有保障，真正的幸福是要靠自己努力创造的，只有自己真正有了能力才能创造出属于自己的幸福，也才能把握这种幸福。婚姻绝不是用于改变自己命运的手段。不管时代怎样发展怎样变化，婚姻的基础都必须是真正的两情相悦，也就是说感情才是支撑和维系婚姻的最重要的桥梁。人类学家玛格丽特·米德说："人类从开始有知识的时候起就一直生活在家庭之中。我们找不到不是如此的阶段。我们也找不到解散了家庭或替代了家庭的人类群落能长治久安……尽管有各种变革的主张和实际的试验，人类社会还是一次又一次地肯定了对家庭的依赖，把由父亲、母亲和子女所组成的家庭当作人类生活的基本单位。"多项研究和调查结果证明，结了婚的人比不结婚的人平均寿命长，身心两方面也较为健康；结了婚的人在住房和养家方面虽有额外的经济负担，但要比单身或离婚的人的财富多出几倍；结了婚的人因为心理上的依靠，所以在工作岗位上效率较高；而绝大多数的暴力犯罪是由未婚的青少年和成年男子所为。

现代社会中，经济和社会生活的发展几乎占据了人们所有的空间，开放让人们憧憬外部世界的无限美好却无暇顾及近在咫尺的幸福。家庭功能萎缩外移，家庭成员关系疏远，家庭礼节礼仪遗失殆尽，家庭成了游子的旅店。不仅如此，我们在社会生活中遇到的紧张、烦恼、压抑乃至社会生活的模式也带回家里，占据了本来属于轻松、快乐、愉悦的家庭空间。使得家庭成员之间的互动交流和情感依赖减少，焦虑、争吵和相互埋怨的情绪增多，家庭成员之间的关系渐渐疏远甚至出现隔阂，造成夫妻亲密度下降，婆媳关系和亲子关系紧张，邻里关系也逐渐疏远。我们在一味追逐事业成功的同时却丢失了生活中本源的那一半的快乐。正是这种错位和失衡，降低了家庭幸福感，也必然降低社会生活的幸福感。

家庭的幸福由日常生活的点滴凝聚而成，其中不乏惊喜、浪漫和精心安排的快乐情境，而更多却又容易忽略的，恰恰是那些细微之处。比如，到家时对亲人一声亲切的呼喊，出门时给爱侣一个依依不舍的拥抱，旅途之中给家人一个电话，节日时给家人一个问候的短信，还有夫妻一同做饭，与家人一起锻炼，丈夫陪妻子逛市场看电影，抽空和老人聊天……所有这些都可能产生浓郁的亲情，给家人增添无限的温暖、情趣和慰藉。

提升家庭幸福感最重要的，莫过于家庭成员之间的相互理解、信任、支持和包容。而达到心心相印、息息相通的最佳路径就是经常性的、平等的、理性坦诚的沟通。如果夫妻之间、亲子之间、婆媳之间每周都有一次快乐的沟通交流，那么，生活中所有的矛盾、误解都能及时化解。沟通会使家庭成员之间的感情更融洽、家庭生活更默契。而这一点，只要用心就能做到。

有效、快乐沟通的前提是共同的价值取向。比如：家庭成员之间可以自然直接地表达爱；无论长幼，在价值和人格上是彼此平等的；家人之间彼此信任、诚实和开放；在任何时候都相互支持；家庭成员共同分担责任；接纳彼此的差异，同时保持每个人的独特性；尊重彼此的隐私；鼓励家庭成员做有益的尝试，并从错误中学习成长；重视家庭传统和仪式等等。

在婚姻和家庭关系中，似乎也在很多时候被推拉出原定路线。关键是要不间断地调整，重新回到原定路线上，把幸福、创造、和谐及满足等目标牢记在心。这种调适是忍耐、包容、为对方做出让步和些许的改变，是让自己进入对方的情境之中，去理解、关心和满足对方，是在自己愤怒、郁闷、冲动的时候提醒自己冷静下来，最大限度减少对家人的伤害，是坦言自己的过失，求得家人谅解，是不断提出新的生活目标，和家人一起去创造新的生活，是经常回味最幸福最甜美的日子，牢记家人最美好的品德、个性和才能，像对待花儿一样地去呵护。做到这些，家庭就会不断地充满快乐和幸福。

家庭的最大作用，是人可以得到归属感、支持感、信任感和舒畅感。在这里，快乐有人与你共享，痛苦有人与你分担，忧闷有人听你抒发，身心有人给你温暖。家庭幸福的秘诀，就是和睦、信心、希望和对未来的乐观。所以，追求家庭幸福，根本在于实现真爱，它是保持家庭内在活力、持续稳定和幸福兴旺的动力，也是家庭幸福之源。充满真爱的家庭，即使清贫，也幸福甜蜜，其乐融融；没有真爱的家庭，即使富有也很难有真正的幸福。千万别让物质的诱惑偷走了我们每个人都应有的幸福。

第三节　干得好与嫁得好并不矛盾

时下流行的观念好像干得好了，嫁人的危险指数就升高了。若是嫁得好，似乎就把自己给出卖了，活得不够硬气……从当今社会现象看，干得好与嫁得好看似有矛盾之处，实则不然。"干得好"与"嫁得好"之争在中国出现其实是社会开放进步的体现，因为这说明了中国女性真正有了选择的机会。争论干得好与嫁得好哪个更重要，其实大可不必。我们的这个时代可能是人类进化历史上的里程碑之一——地球上一半的人的潜能开始得到承认和开发，其意义不亚于当年人类祖先琢磨出石器工具，大大提高了狩猎效率。在资讯为王的数字时代，体力强壮不再是"干得好"的唯一条件。女性拥有的是和男性一样广阔的空间。实在没有必要把"干得好"和"嫁得好"对立起来，自添困惑和烦恼。"财女"的生活投资组合里，"干得好"和"嫁得好"不必有先后，更不必为敌我。想必每个女性，都期望自己既干得好，也力争嫁得好，这才双赢。我觉得，鱼和熊掌是可以兼得的。

干得好才能嫁得好。这个"嫁得好",对个人能力有较高要求,而且这种能力与"干得好"的能力完全一致。这既可以证明女性个人完全具备地位获得的能力,又可以让女性从婚姻中得到情感满足,而且还彻底化解了婚姻中的情感风险和经济风险,使得地位获得与情感满足实现高位平衡成为可能。

干得好也要嫁得好。在这里"干得好"或者是指一份让女性可以提高择偶条件的好工作,或者是指女性在外工作挣钱,都是工具性的意义。而"嫁得好"所具有的地位获得和情感满足的双重价值得以强调,在地位获得上成为"干得好"的锦上添花或相得益彰,在情感满足上更是弥补"干得好"的不足,给予女性温暖和归属。

嫁得好也要干得好。从女性实现自我价值的角度来说,"干得好"的含义从"证明自己"——"取得个人能力所及的成功"——"有自己的一番事业",论述的重心已经不再停留于社会经济地位的获取,而转移到个人自尊、个人成就和自我实现。因此,"干得好"本身也成为有意义的,而不仅仅是获取较高社会经济地位的工具。

现在,人们赋予"嫁得好"的意义变得更加多元,除了通过婚姻实现女性社会经济地位的提升这一含义之外,女性从婚姻中获得情感满足也成为"嫁得好"不可或缺的条件,这与近现代以来中国社会婚恋的变迁一脉相承。

值得注意的是,在当下对"嫁得好"与"干得好"的话语实践中,生产出一种新型的"男人以社会为主,女人以家庭为主"的社会性别规范——社会是男性实现自我价值的空间,而家庭则是女性实现自我价值的场所。它沿袭了传统社会性别规范对于男女社会空间的二元区分,但进行区分的基础却发生了转移,不再以男女之间在家庭内外的劳动分工为基础,而是以更具现代性意味的个体情感满足和自我实现为基础。

值得欣慰的是在"嫁得好也要干得好"这一新表述中,"干得好"对于女性实现个人价值的意义被明确地表达出来,"干得好"不再只具有工具性的意义,而转移到个人自尊、个人成就和自我实现。这也正是我们要大力提倡的现代婚姻中的新女性形象。

有人说：男人的最高品味在于他所选择的妻子。能娶到一个事业有成、大名鼎鼎、出类拔萃的女人是对其男性魅力的极大肯定，也彰显了其脱俗的品位。所以一个女人要想获得幸福，就要不断地积累自己的资本，这样才能在强手如林的社会上立足，进而取得成功。当你有了足够的资本，变得足够的优秀，好的事业和幸福的婚姻自然朝着你跨了一大步！可见，干得好的女人还是很有市场的，干得好才能有资本嫁得好，这是与那些高档次男人对等交往的必要途径。所以我认为不断进取对一个期盼有事业有爱情的女人来说是最重要的。

那应该如何提高自己的资本呢？我认为，首先你要充满自信，自信对一个人来说是最不可缺少的优良品质，无论你在找工作还是相亲，充满自信会使你从人群中脱颖而出。

其次，要有主见，在当今这个事事讲究独立、讲究民主、讲究自由、讲究维护权益的社会里，我们是现代女性，要有着新一代女性的独特思维模式，大胆地去实现自己的理想，去发表自己对某事某物某景某态的评论。不应该过分依赖家人或者丈夫，切记要保留自己的底线和原则。

再者，要有肯吃苦的精神，现在的家庭大多都是独生子女，女孩男孩都娇贵得不得了，经常无病呻吟，而且没有耐心，不肯努力。爱迪生曾说过：世间没有一种具有真正价值的东西，可以不经过艰苦辛勤劳动而能够得到。这句话我深深地记在了脑子里，以此来鞭笞自己不要轻言放弃。

嫁得好是基础，干得好是根本。张爱玲《金锁记》中的曹七巧，虽然也分到了财产，但剩下的时间也就是守着那些有数的财产不好不坏地过日子了，就像在一个单位，一个不喜欢的老板，一份没有前途的工作，日复一日地干，你的内心并不快乐，也许你可以心存幻想：只需要每天来上班，到时候拿薪水，就这样吧。并且觉得这样很值，那是安逸惹的祸，到某一天，你可能会发现你所忍的根本不值得，会不会有一丝丝后悔？如果你有幸在早年的时候嫁得好，那就借助这个平台积蓄能量，争取"干得好"也不失为一记良策。

　　虽然能得到幸运之神照顾的女性实在少之又少，但是我们可以用我们的努力，坚持不懈地奋斗，去得到幸运之神的眷顾，从而获得成功，获得事业，当然还有我们的爱情。许多看上去很短的路，实际上是最艰难最没有可能性的路，但跨越那一步，需要的不只是运气。所以，还不如把人生当作一场长途旅行，也许当你终于到达光辉顶点的时候，你会发现周围到处都是美丽人生。

第四节　如何体现当代女性的价值

　　从古希腊神话中的智慧女神雅典娜到中国古代的黄道婆，从曾两次获得诺贝尔奖的居里夫人到新中国第一个女博士徐功巧，从19世纪英国女诗人勃朗宁夫人到南宋的李清照、当今的冰心，从拉丁美洲第一个靠自学获得知识并获得诺贝尔奖的智利著名的女诗人加夫里埃拉·米斯特拉尔到身患病魔却奋发攻书的"当代保尔"张海迪，她们都是成功女性的典范，从古至今，从国外到国内，优秀的女性比比皆是，当代女性也不例外。

　　现代女性在婚后既忙自己的事业，又不失女性传统的美德。开放的外部世界和激烈的生存竞争，给女性提出了更高的要求，现代女性从几千年旧思想的茧壳中破茧而出，自信自强。在工作中，不断地完善自己，充实自己，不断地为思想"充电"，做一个有智慧、有思想的"职业女性"同时，也要具备女性传统的美德——很好地经营自己的生活，不失温柔贤惠，在生活中，懂得怎么体贴爱人，懂得怎么教育子女，依然保持着少女般的简单，带着些许天真以及对生活一如既往的热爱，这样的女性必然是干得好又嫁得好的。

　　女性要实现自我价值，就要做好母亲、妻子、女儿和社会劳动者的角色。

　　女儿、妻子、母亲是女性在家庭中的角色，社会劳动者是女性在社会中作为独立个体所扮演的角色。孝敬父母、长辈，在经济上供养父母，满足父母情感上的需求，是作为子女的职责。妻子，是建立在婚姻基础上的。经营好婚姻，打理、构建一个和谐的家庭，是她的基本职责。担任母亲角色的女性应该承担好一半的教育子女的责任，甚至大部分教育子女的责任和关爱子女的义务。在家庭中的女性责任，构成了她人生价值的一半。创造一个良好和谐的家庭，对一个国家的长治久安是极为重要要，对一个国家的贡献是不可小觑的。所以，承担好女性在家庭中的责任对于实现女性人生价值是十分重要的，不可或缺的一部分。

女性创造价值最重要的一部分是由独立个体所创造的，不依赖于任何其他个体，主要表现在事业成就上。女性实现人生价值的首要条件是要学会独立。女性的独立主要表现在三个方面：一是情感上的独立，二是人格上的独立，三是经济上的独立。而其中最主要的是经济的独立，女人在经济上取得独立以后，才能在感情上和人格上实现真正的独立。钱财掌握在自己的手中，不再是男人的附庸，不再一切听从男人的指挥。工作让女人有了展示自我的空间，经济让女人拥有了追寻梦想的资本。有了经济作支撑，女性才能从家庭的琐碎中脱离出来，走到社会上，同男人一样竞争，取得经济和政治地位。即使没有爱情的滋润，他们也不会如断线的风筝飘荡在无垠的空旷里。有了经济上的支持，自然就满足了物质上的需要，物质富足，自然使女人考虑精神上的财富。他们能够随心所欲地交友、读书、娱乐，充实自己的生活，满足精神上的需要。读书可以明智明理，吸取书中的精华；交友可以让自己的生活变得更多彩，开阔视野，让欢乐萦绕，再也不会有独举高脚杯的寂寞了；娱乐，可以让女性忘掉一切的不顺、落寞、孤单，让自己幸福起来。

首先，要树立坚定理想。女性在创造人生价值的过程中首先要树立自己的理想。理想就是人生奋斗、追求的总目标。理想就像人生航船的灯塔一样始终引领着一个人的成长方向。一个人对理想的追求越强烈，他实现人生价值的动力就越大；追求的目标越明确，成功的概率就越高，对社会的贡献也就越大。扮演着多重身份的女性往往要承担很多来自于家庭的事情，这很大程度上减少了女性能对事业所付出的精力和时间。当今社会，男女平等虽然是一个主流趋势，但是完全地实现男女平等还需要一个漫长的过程。所以在择业、就业、创业的过程中，女性会有大于男性的困难，这就需要树立一个远大的理想，并且坚定理想能够实现的信念，用坚强的毅力，战胜一切困难。

其次，要投入工作。现代女性，既要做恋家太太，更要在工作中完美地演绎自我。一份有意义的工作是女性释放这股韧性与张力，大胆地绽放女人的生命价值和社会地位的绝好载体，在工作中女人能尽情挥洒人格之美。其次是女人如水般淡定从容的工作心态，一种宠辱不惊、未来尽在掌握的自信与优雅，工作的女人能从容直面困境，笑对世间冷暖，并以微笑感染身边的所有人，这种发自内心的灿烂，阳光般的影响力，远胜所有驻颜良药，让女人轻易远离心理最大的敌人——年龄，洋溢出女人最迷人的神态表情，让女人拥有自信的美丽。工作仿佛一面镜子，让女人懂得正衣冠、知得失、懂善恶、明是非，为女人展示品格的力量，搭建成功的平台。工作拓展了女人的视野，启发了女人的思维，丰富了女人的情感。工作教会女人生存的智慧和存在的真实价值。工作教会女人更加懂得和珍惜爱，只要女人真心爱工作，工作就会同样爱上女人，且不会背叛离弃。工作更会让女人将外面世界的纷杂和琐碎在工作中戛然而止。

再者，平衡家庭和事业的天平。处理工作与家庭这些事情时，就像杂耍一样，要同时抛接几个球，不可能让它们处于同一高度，窍门就是不要任何一个球掉到地上，在它落下之前设法接住。如果处理不好或对自己承受的压力根本没有感觉到，那你就有被拖垮的危险，造成事业上的失败，家庭悲剧的发生。所以为了避免这些不幸的发生，一定要掌握好一个"度"，寻找到工作与家庭之间的平衡并努力去维持这种平衡，那么你会发现工作和生活都很轻松愉快，丰富多彩。

不管嫁得好还是干得好，首先要做一个精神独立的人，独立的女人知道自己想要什么，懂得如何爱自己，尽管女性创造自己的社会价值面临重重阻力，但是作为新时代的女性，作为接受过高等教育的女性，我们应该勇敢地面对挑战，用自己的知识和技能，创造自己的人生价值。女性不是月亮，女性应该有自己的光芒；女性也不是星星，只做夜空中的陪衬；女性应该是一颗恒星，自己发光发热。所以，女性们，大胆地去创造吧，去创造你们的价值，闪耀你们的光芒。

第四章

当前国有企业女职工面面观

　　女职工是推动国有企业改革发展的重要力量之一，无论是在革命战争时期，还是社会主义建设时期，女职工掌握着与工作岗位相适应的文化知识和技能，同男职工一样为企业发展贡献着力量，都做出了卓越的贡献。作为国有企业生产主体的重要组成部分，肩负着生产、团结、凝聚广大职工的重任。女职工还担负着家庭的责任，对构建和谐企业发挥着积极的作用，是一支朝气蓬勃、具有奉献精神和时代风貌的生力军和骨干力量。

　　随着时代的变迁和高等教育的普及，女性和男性在学历、工作能力等方面相差无几，女职工在国有企业中的占比逐年攀升，有的承担着比男职工更为重要的工作，在企业发展中的作用越来越大。越来越多的女性从最初在各类生产一线，到逐步到能够充分发挥自身工作特点的岗位，女职工要同时兼顾社会和家庭责任，在国有企业的发展进程中具有重要的地位。加强国有企业女职工工作不仅能提升女职工的职业素质以及能力素质，同时还能够在最大程度上激发女职工工作的积极性与主动性，提高女职工工作的创新能力，进而保证国有企业改革的顺利进行。因此，分析当前国有企业女职工的工作现状、存在的问题，切实发挥女职工的工作优势，已成为国有企业面临的一个重要课题。

第一节　国有企业女职工素质参差不齐

国有企业转型发展对女职工造成影响。国有企业进行转型改革，对于稳定女职工队伍，寻求女职工队伍对转型改革的支持理解，积极投身企业转型实践，都会产生不同层次的理解。

1．女职工存在认识上的差异和误区

受历史文化的影响，女职工在国有企业中自然而然对固有的工作模式、生产方式、企业文化、经营方式形成一个相对固定的认识。由于习惯于按部就班，对自身职业规划的目标、方向和企业的制度、流程、业务会存在认识上的差异和误区。

2．女职工技能水平各有不同

在原有的生产经营方式下，工作技能只是简单的操作和业务处理，可能只是单向、单方面的程序化工作。体现为：原来很多的工作是手工完成的，现在要通过电脑系统来完成；原来先干后算，现在要先算再干；原来口头汇报就行了，现在要书面的了。对于原来的工作要求和业务技能需要很熟悉也很有经验。国有企业进行转型改革，企业原有的常规性工作发生了变化，要求更高了。一专多能，一岗多责的新要求考验着女职工队伍素质和技能。面对这些新要求，部分女职工会产生消极应对的现象，或退出现职岗位，将严重影响工作全局。

3．女职工收入差距的拉大

企业转型过程中涉及管理体制的变革，企业贡献在收入分配中与分配机制密切挂钩，不能再吃以前的大锅饭了，不能再端平一碗水了，取而代之的是效益优先、效率优先的分配方式。部门人员收入的多少取决于经营人员的成长和快速发展的业务。久而久之，业绩突出的女职工收入将远超于业绩平平的女职工，女职工队伍中的收入差距必然拉大。

4. 女性职工对企业的满意度与忠诚度还不够

在国有企业开展女职工工作中还要进一步丰富女性职工的文化生活，例如企业应该定期举办一些适合女性职工身心健康的文化活动，尽可能地丰富国有企业女职工的精神文化生活。

5. 有的女职工太满足于现状，不愿意参与集体活动

有的女职工积极参与安全知识竞赛、专业技能竞赛、岗位练兵、劳动竞赛等活动，在各专业岗位上成为"行家里手"；而有的女职工满足于现状，不愿意参与集体活动。这样的差异造成女职工素质参差不齐。其实，只有采取"比学赶帮超"的方法，利用各类活动表彰先进女职工，树立正气，才能达到信息共享、相互交流、取长补短，达到全员共同提高的目的，激发竞争的活力。让先进真正成为女职工的"楷模"，让全员"动"起来，打造素质型女职工团队。营造良好环境和氛围，从各方面为女职工搭建上升的通道。在选拔人才、晋升人才时，要适当考虑女职工，要对女职工成才典型加以宣传，带动更多的女职工成长、成才，改善当前女职工人才结构不平衡的局面。

第二节　国有企业女职工求稳思想严重，缺乏竞争意识

尽管随着国企改革的不断深入与女职工在职工结构中的地位提升，在很大程度上提高了国企女职工工作的标准与要求。然而由于受到传统观念的影响以及女职工自身的特点影响，国有企业女职工的工作还存在着一些不足之处，国有企业

女职工工作有效开展的基本保证是国有企业管理者对女职工工作的正确认识，但很多国有企业管理者基本上都对女职工工作缺乏正确的认识，认为女职工只是企业其他工作的附属部分，进而在很大程度上忽视了企业女职工工作，无法为女性职工提供和谐的工作环境。只有把女职工思想政治工作做好，改变观念，统一思想，提高对女职工工作的认识，建立健全女职工工作组织，配备思想素质高、热爱女职工工作的人员负责女职工的思想工作，同时抓好工作规范管理，制订相应的工作制度，采取适当的措施，广泛深入地开展工作，使女职工的思想政治工作逐步走上科学化、规范化的发展轨道。那么便能更有效开展女职工工作。

长久以来，由于社会发展和历史因素，在女职工的身上一直存在着一些弱点。这些弱点制约了她们能力的提升。

1. 根深蒂固的中国传统观念

"女人，你的名字是弱者""女人要以家庭为中心""女人不如男人""干得好不如嫁得好"等观念依然受传统观念的影响。女职工相对处于弱势，不少女职工思想观念守旧，缺乏成就动机，远离企业竞争。大部分女职工认为目前的工作技能和工作水平已经能应付目前的工作了，不会追求技术革新、创新。这种自我角色定位偏低，安于现状的心态导致她们过早滋生安逸心理，大部分女职工对提拔干部、入党等事宜不感兴趣，满足现状、缺乏创新意识严重制约了她们能力的提升。

2. 传统"男尊女卑"观念依然盛行

认为国有企业的改革发展还是要依靠男性职工来完成的思想致使企业女职工缺乏展现自我能力的平台，在很大程度上阻碍了女职工能力的发挥。女职工成才发展的道路始终处于弱势。从女职工自身的角度讲，自我增强的意识不强，默认这种传统观念的存在，得过且过、自卑的心理因素制约等都对女职工职业生涯发展产生障碍。有一部分女性职工危机意识不强，急需打破束缚女职工发展的传统观念，部分技能掌握得不是很牢固，而且参与竞争意识不强，难以撑起属于自己的半边天。在实际工作中部分女职工不敢与男职工较量。在当前的形势下，要敢于面对机遇、迎接挑战，认清改革发展对个人的要求，正视自身的不足，有的放矢地弥补、充实和完善，缓解竞争中的压力是参与竞争必须具备的条件。

3. 女职工不敢彰显个性

当前，复杂的人际关系导致女职工循规蹈矩，不敢应酬，交际能力不强，怕被人说成是爱出风头。树立科学发展观、实现自我价值的观念还未完全形成。她们未能最大限度地挖掘自身的潜能，没有提高自身综合能力的决心。未能在企业的活动和建设中展现她们为企业所做的成绩。

4. 对职业典范活动的参与度不够

女职工对评选女职工技术能手、巾帼女标兵等职业典范的参与度不够，以女职工为主要参与主体的竞赛活动还不够多，有潜力的女职工作为培训学习的典范学习还不够。在自我知识充实，提高自身技能素质，适应企业在市场变化中的需要，为企业改革发展贡献出自己的力量等方面还有欠缺。

5. 部分女职工心理负担过重

思想政治工作是一门灵魂工程。它灵活多样、千变万化，是单位的导航条，也是职工心灵的减压器。女职工作为企业生产经营的主体力量之一，自我价值的提升和自身能力的提高都可以通过思想政治工作来实现。政治热情的激发、远大的政治目标的建立，让她们在政治思想的渗透下提高自身素养。例如在"喜迎十九大"主题活动中，女职工可以清晰地认清当前中国发展形势，迎接挑战，脱离传统观念束缚，树立政治思想，大力宣传企业文化和核心价值观。让女职工熟悉企业的形势任务和发展前景，有助于提高她们对本单位的热爱程度，增强求知欲，构建多层次、多方面的信息资源架构。部分女职工心理负担过重，所以企业要想女职工所想，急女职工所急，关心女职工的身心健康，定期为其提供心理咨询辅导，做深入细致的思想政治工作，才能有效地减轻女职工过重的心理负担。对女职工进行自尊、自信、自立、自强教育，使其真正成为她们的生活信念，以奋发图强的精神面貌创造属于自己的事业。

6. 部分激励措施和选拔机制不健全

为适应时代的变化，顺应员工的合理要求，要不断完善和配套相应的激励措施。工作后女职工面临家庭、工作等种种压力，要考虑到女职工所承担的社会责任和压力。同时，要培养女职工的技能，进行专业的培训指导。参加学历提升及技能提升不仅需要极大的毅力，且需要一定的经济基础，这在一定程度上减弱女职工的学习热情。因此，企业要在政策上给予足够的倾斜，为女职工学文化、学技能创造良好的学习条件和环境，鼓励女职工通过各种途径参加学历教育和技能等级提升，树立终身学习的观念。

第三节　与男职工相比缺乏自信

俗话说，"不断学习是女人最好的化妆品"。女职工要不断加强自身综合素质的提升，以适应企业发展的需求。要将学习、工作与职业生涯规划紧密地联系起来，不断增强学习的自觉性和紧迫性，树立学习的信心和终身学习的理念，培养良好的学习习惯，不断提高、充实自己，使自己在职业生涯中能够把握住更多的机会和机遇。

1. 女职工要积极拓展工作范畴

相对于男职工做组织工作，女职工做组织工作往往能够起到事半功倍的效果。

女职工的明显优势就是细心，考虑问题比较细致，而且可能运用女性独特的气质去柔性处理一些问题，与职工有着较为默契的"心理相通"。因此，有些国有企业女职工组织会不失时机地利用自身的工作和组织优势，主动与人力资源部门沟通，搭建平台，开展"女职工职业生涯设计书"设计会、展示会、知识讲座、演讲比赛、歌咏比赛、插花比赛。要及时地推荐优秀女职工参加"三八红旗手""巾帼英雄岗"评选等，在企业和职工中营造职业生涯管理的氛围。积极为女职工进行代言，帮助她们实现自己的职业规划。

2．部分女职工思想观念滞后，缺乏创新意识

在新的历史起点上，以习近平同志为核心的党中央对国有企业改革做出的重大部署，为新时代国有企业指明了方向，提供了根本遵循。国有企业改革发展的步伐很大，有些女职工特别是一些年龄较大的女职工却满足于现状，认为企业的发展方向和措施与自己无关，也认为自己的职业生涯已经到头。对企业的长远目标认识不足，不会站在企业的长远发展角度考虑问题，表现为对一切事务漠不关心，对待工作墨守成规，不求上进，不重视知识创新更新，不重视自我提升，不重视能力建设。长此以往，必定跟不上企业发展的形势，跟不上转型发展的需要。

3．女职工从属性范畴工作与其他各项工作联系不紧密

女职工在当前的工作角色中没有获得足够的发挥余地。第一方面，在企业制定发展规划和各项任务目标的时候，并不会在相关的计划当中增加女职工工作的内容，女职工只是出在工作内容的一角，不属于当前企业发展规划的范畴，在谋划企业大局的时候很难被考虑，也就容易被人淡忘和忽略，很容易被他人定义为从属性工作；第二方面，相对企业的全局而言，女职工的群体只是少数，缺乏专项的工作检查和督导，同时基本没有专题的会议来指导目前企业的女职工工作发展。在两方面的作用影响下，女职工工作和其他业务工作有所脱节，很难紧密地联系在一起，满足工作现状，进取意识淡薄。当前，有些女职工本着"干什么学

什么、缺什么补什么"的工作态度，在工作中缺乏明确的奋斗目标，缺乏参与各式各样群体活动的热情，缺乏积极寻找机会开阔视野的斗志。有些长时间在同一岗位上工作的女职工，自我定位角度偏低，工作激情不足，不愿吃苦，把大部分精力和热情转移在家庭上，"女强人""女能人"此类称谓不被很多人认同，不被欣赏。在这种情况下，女职工容易滋生安逸心理，缺乏进取心和工作动力，女职工实现自我人生价值会受到抑制。

4. 女职工职务待遇没有得到相应落实

当前，在陈旧腐化的女性附庸地位的思想观念笼罩下，从选人用人综合考量，在当前的具体工作当中，女职工还是难以得到相应的政策支持，被消磨殆尽的工作积极性和主动性逐渐下降，男性职工在相同条件的竞争中依然优于女性。领导干部依然是男性员工，大量有着能力的女性职工得不到相应的机遇。公平公正对待女性是社会的一个基本要求，特别是随着当前国家和国际接轨。在目前国有企业中，虽然近年来新思潮的不断涌入已经开始逐渐动摇了这种思想观念，但是当前的激励手段和政策支持还有缺失，制度难以落地，容易致使当前具有干事创业精神的女职工失去斗志，不利于企业的整体发展需要。

5. 女职工自身的合法权益维护不够

对女职工的培训工作力度不够。维护好女职工的合法权益是国有企业女职工工作的核心工作之一，因此，女职工的权益是在企业开展女职工工作中必须要充分考虑的。市场经济的主体手段是竞争，也是推动女职工成长的巨大力量。女职工在竞争激烈的市场中找到自己的位置，加强女职工综合能力的培训是首先要解决的任务。女职工的维权意识比较差，是由于在国有企业女职工工作中，女性职工学法律、懂法律以及使用法律教育的学习覆盖范围还不广，进而造成女性职工的合法权益得不到有效的保证。女职工要面临在中国特色社会主义新时代建设中发挥积极的作用，首先要加强法律知识的培训，强化女职工的自我维权。当今时代，随着工作要求的提高，工作压力的增加，女职工中会显示出各种矛盾。作为企业要组织女职工进行法制教育，知法、懂法、守法，正确维护自己的合法权益和特殊利益。要加大有关女职工权益保障法规的宣传力度，必读书目有《妇女权益保障法》《劳动合同法》《女职工劳动保护条例》《劳动法》等法律法规和相关法律知识。只有强化法律法规和相关法律知识的学习，才能增强女职工知法、懂法、用法、守法的观念。对女职工进行法律教育，引导她们自觉学法、守法，学会用法律武器保护自己的合法权益。

切实贯彻《妇女法》，维护保障女职工的利益和权益，是新的历史时期对女职工工作提出的又一个新的重要课题。近年来，有的国有企业工会女职工委员会对女职工维权工作非常重视。基层女职工组织一手抓维权，一手抓生产经营。工会女职工委员会将主动维护的"窗口"前移，在源头参与和立体层面上整体维护女职工的合法权益。女职工组织带头学法，在学习法律法规的基础上，举行《妇女权益保障法》知识答卷、演讲比赛、讨论会、座谈会等丰富多彩的活动，形成学法、遵法、守法的宣传氛围，提高了女职工法律意识。切实维护好女职工合法权益和特殊利益，认真落实"组织起来、切实维权"的工会工作方针，切实履行基本职责，为女职工增强社会主义职业道德观念创造良好的工作环境。例如女职工的维权问题、工作制度问题、女职工自身建设者们自觉地把共产主义的行为规范与本职工作的具体实践结合起来等等。要保障女性职工享有与企业其他男职工同等的权利与义务。例如企业必须要进一步摒弃"男尊女卑"的观念，保证每一位女性职工能够参与到企业的选举中，拥有自主的选举权与被选举权，同时要保证每一位女职工能够享有与其他男职工同等评优评先的权利。例如，在有的国有企业，明文规定参加职工代表大会的女性职工代表人数占比不能低于一个比例；在评选"四强党组织"和"四优共产党员"的先进集体和个人时，也要有一定数量的先进女职工占比数量。其次，国有企业在开展女职工工作中还要进一步保护女性职工的特殊权益，例如国有企业必须要保证女性职工享有休产假的权利。例如，江西省人民政府为了减少和解决女职工在劳动中因生理特点造成的特殊困难，保护女职工健康，根据国务院《女职工劳动保护特别规定》以及有关法律、法规，结合本省实际，制定《江西省女职工劳动保护特别规定（省政府令第226号）》政策。既要为女职工提供特殊劳动保护，确保女职工在劳动过程中的安全与健康，又不过多增加用人单位的用工成本，保障女职工就业，实现维护女职工合法权益和经济社会效益的统一。

国有企业在开展女职工工作中要进一步加强女性职工法律意识的培养，尽可能运用法律去保护自己的合法权益，让每一位女职工都能对自己的权益有一个充分的了解，防止自己的权益受到侵犯。同时，还应该在每年的三八节当天对企业女职工进行精神与物质奖励，这样可以充分调动女职工工作的积极性与主动性。

6. 女职工缺乏专业的职业生涯规划

有些企业注重对职工的培养和教育，但针对岗位技能培训和提升方面做的较多，对职工职业生涯的专业指导较少，特别是缺乏针对女职工的职业生涯规划。面对一些想离职的女员工，很少有人力资源师会告诉她们个人在企业发展中的前景，也很少有人会针对个人特点、特长或优势为其制定量身定做的职业规划。这种专业性指导的缺失，让女职工没有盼头，缺乏继续留在原单位的信心。因此，要提升女职工职业能力，必须重视女职工的职业生涯规划，善于发现潜在人才。要有专人对其进行培养，并对其职业生涯进行专门的规划，帮助其成长成才。特别是对待一些新入职的女大学生，更要关注和爱护，给她们提供施展才华的舞台，使女职工有归属感、荣誉感，主动把自己的命运与企业的命运紧密地结合在一起。

7. 培养提升女职工业务素质的体系缺乏

在企业面临日趋竞争激烈的大环境下，对于各部门各专业的人才需求也日趋紧迫，女职工的业务量等同于男职工的业务量，要求女职工具备较高的业务素质，主要体现在"三高"，即高学历、高职称、高能力三个方面。在当下，对于女职工的工作部门也提出了相应的硬性要求。但是从总体上看，女职工业务涉及面较广，同时从事女职工工作的人员较少，因此专门研究设计女职工工作的业务培训性价比相对于企业主要的生产经营业务来说较低，相应的课程体系难以建立。另一方面由于大部分女职工需要顾及家庭，她们在工作提升上显得计划性和执行力都较差，相应的学习提升计划容易被琐事影响，总体而言不利于个人的发展提升。

第四节　满足于相夫教子

在构建和谐社会中，稳定和睦的家庭关系具有举足轻重的地位和作用，是构建和谐社会的基础。孟子曰："天下之本在国，国之本在家。"往往在家庭中拥有特殊的地位的已婚女职工，作为家庭主妇，从某种程度上说，她直接影响三代人的生活质量，影响家庭和谐的程度。自身的素质对父母、配偶和子女都有巨大的影响，因此，有必要帮助她们在开展教育活动中，成为家庭中的好妻子、好母亲、好儿媳。同时女职工组织要时刻了解女职工的家庭情况，当她们发生家庭矛盾时及时做好调解工作，帮助她们化解家庭矛盾。深入开展以家庭为单位的文明创建活动，例如"文明家庭""五好家庭"等评选活动，推动家庭成员之间、家庭与社会之间、家庭与自然之间的相互和谐。在广大女职工中要大力倡导文明健康的家庭生活方式。如：根据女职工的健康查体档案以及女职工平时谈到的身体保健要求，为女职工举办"心理健康、亲子教育"辅导班、"花艺培训"、"妇检"、"身体检查"等多种活动。女职工是企业干部队伍的重要组成部分，也是国有企业发展的中坚力量，要转变观念、与时俱进，立足本职努力工作，为促进企业的改革、稳定和发展，推动和谐企业、和谐社会做出自己的贡献。

1. 女职工对学习的认识存在偏差

在实际工作中，有些女职工对学习的认识往往存在偏差。有的女职工认为自己现有工作水平、工作技能已经足够胜任目前岗位，不需再学习了；有的女职工认为自己年龄大了，学习太累，学不进去，除了工作，还有家务、孩子、丈夫样样要操心，没有时间坐下来学；有的女职工工作比较稳定，认为培训不培训、学习不学习对自己来讲都一样，没有危机感。这些认识上的偏差，造成女职工对学习没有积极性，缺乏竞争能力。

2. 部分女职工对自身的定位还不够准确

常言道："有为才有位。"所谓"有为"，指的是具有良好职业素养的人发挥自身的才能，努力为自己的价值追求所进取，在本职岗位上努力做出业绩、干出成绩，用事实去证明自己的能力和价值；所谓"有位"，通常指的是在社会高度发展的今天，在当前转型跨越发展的重要时期，女职工有了高尚的情操和追求，就能正确对待物质生活和精神生活的关系，就能正确对待现实和理想的关系。一旦拥有了高尚的情操和追求，就能自觉做到个人利益服从企业利益，积极参与到企业的发展之中。广大女职工必须转变思想观念，充分认识到作为一个女人，如果要自立自强首先要具备的品质是独立。独立是女人最好的品质，它体现在精神上的独立和经济上的独立。经济上的独立，是幸福的前提和基础。有一份能养活自己的工作，追求自己热衷的事业，为社会创造一定价值，也让自己的生活更充实，用自己的亲身经历向社会展示"谁说女子不如男"的事实。精神上的独立，做自己应该做的事情，能摆脱对他人的依赖，扮演自己的角色，追求高尚的情操，善待平时生活的点点滴滴。保持健康的生活兴趣，参加丰富多彩的文化生活，持有幽默达观的生活态度，保持良好的心态，对自己的精神和健康至关重要。只有在保持良好的精神面貌和健康的基础上，才能在现实面前勇于创新开拓，在利益调整面前不患得患失，能做到顾全大局。消除随波逐浪的思想，真心真意，脚踏实地，主动自觉融入企业中，规范自己的行为，坚持追求内容和形式的完美，通过劳动创造幸福生活，实现自己的人生理想。

3. 大部分女性家庭观念特别强

要提升综合素质，奠定自我价值实现的基石。要想在广阔的社会舞台上大显身手，就要具备良好的综合素质。自古以来我国女性大部分家庭观念比较强。但是当前离婚率的不断攀升，给女性生活带来了一定的困扰。任何事情都是具有两面性的，离婚对于不幸的家庭来说是好事，但是当前人们不再像过去受道德的影响而想离婚就离婚，这给社会发展带来了很多的问题，其中影响最大的是子女，这就给独自抚养子女的离婚女性带来了很大的压力。所以我们应该尽最大可能地降低离婚率，保障女性职工的权利。首先我们应该给女性提供参与社会活动的机会，提高她们的竞争意识，保证女性职工的经济能力能够和家庭中男子的能力相当。其次，应该多开展一些家庭活动，促进夫妻之间的沟通和家庭和睦相处，也可以保证女职工没有后顾之忧地参与到企业建设中。国有企业会出现制度、流程、业务的变化，女职工的队伍结构将出现跨领域、跨部门、跨专业的变化。女职工队伍建设也会随之出现波动。严密的组织机构的建立，能够有效沟通企业与女性职工，能够在了解女性职工的实际情况下有针对性地开展女职工工作。同时积极利用手机与网络建立畅通的沟通渠道，这样能够保证企业真正了解到女性职工的实际情况，切实解决女职工的后顾之忧，让女职工组织真正成为女职工的娘家人、贴心人、知心人，进而保证女职工工作的有效开展。

总之，企业面临着越来越激烈的国内和国际市场竞争，广大女职工更要提高自己在社会发展与企业发展中的适应能力，要站在服务社会、服务企业的高度，要制定个人努力目标，不断获得创新工作的方式方法，找到自我长处和不足，扬长避短，促进个人在企业中的成长；与企业有共同的核心价值观，要始终着眼于女职工是企业的主心骨，培养坚韧不拔的意志，通过发挥个人潜能，立足本岗，提出新课题，实现新突破；增强竞争意识，在自身岗位上主动参加实践，迎接各种挑战，把挑战当作机遇，不卑不亢面对困难和挑战，秉承刻苦钻研的精神，竭尽全力去做实、做细、做好各项工作；努力提高洞察力，掌握有关法律、法规，了解企业的经营情况，在具体的工作中挑战自我，争当爱岗敬业的"女标兵"。

第五章

成功国企女职工必备几大要求

第一节　要有坚定的信念

理想信念是一个人的世界观、人生观和价值观的集中体现。崇高的理想信念是人生的支柱和前进的灯塔。在信念面前，女职工也不例外。大部分的女职工都会为恋爱、金钱、健康、工作、人际关系而痛苦，这些都是和自我的信念有关。如果你坚信自己能成功、能得到，在信念的促使下，你就会非常努力地去实现它，那么得到它的那天也就不再遥遥无期了。只有确立了崇高的理想信念，才会有正确的方向和强大的精神支柱，才能抵御各种腐朽思想的侵蚀，在矛盾面前不畏缩，在困难面前不悲观失望，在诱惑面前能洁身自好。

在信念上没有脆弱女职工与坚强男人之分。在人生的旅途中，不可能总是一帆风顺、事遂人愿。女职工一生要担负的东西很多，无论是家庭、生活还是事业，随时都想摧毁女职工的心理防线。女职工要做的就是给自己信念，给自己坚强的理由，为逾越困难树立信心。对一个有志者来说，信念是立身的法宝和希望的长河。女职工遇到困难时不要怨天尤人，困难与逆境的出现不是因为你是女职工，而是所有的人都会遇到的正常现象。而信念的力量在于即使身处逆境，亦能帮助你扬起前进的风帆；信念的伟大在于即使遭遇不幸，亦能召唤你鼓起生活的勇气。

作为女职工中的党员干部，更应该做坚定理想信念的表率。坚持用马克思主义的立场、观点、方法来认识世界，认识人类社会发展的客观规律，努力学习和自觉运用辩证唯物主义和历史唯物主义的强大思想武器，把理想信念建立在科学分析的理性基础之上。加强党性修养和世界观的改造，牢固树立正确的人生观、价值观，带头坚定对马克思主义的信仰不动摇，坚定走中国特色社会主义道路的信心不动摇，确保在任何时候、任何情况下都能自觉地听党的话、跟党走。

第二节　要有高尚的品格

　　高尚的道德和品格，是一个人成长首先必须追求的目标和素质。只有精神高尚，才会心境坦然、公私分明，才能面对诱惑保持内心的安宁和行为的端正。要锤炼高尚品格，女职工作为一个特殊的群体，不仅要科学认识、自觉弘扬爱国主义、集体主义等社会主义核心价值观，也要认识什么是社会公德、要遵守什么样的职业道德、遵循什么样的家庭美德。正确的道德认知是女职工建功立业、成长成才的基础。女职工要培养正确的道德认知，必须内心常保警惕，善于防腐拒变。

　　锤炼高尚品格，还必须有自觉的道德养成。在纷繁复杂、诱惑频出的价值多元的时代，加强自身道德修养，绝非一件易事。女职工必须善学，善于向品格高尚的人学，善于吸收传统文化中的真善美，并坚持求真向善。吾日三省吾身，善于反思，才可能实现知行合一，养成积极的人生态度，健康的生活情趣，良好的道德品质，并将其贯穿到自己的奋斗历程中，贯穿到自己的为人处世中，努力成为一个品格高尚的人、一个脱离低级趣味积极向上向善的人。锤炼高尚品格，还必须有积极的道德实践。知易行难，人生之路，有坦途有险阻，女职工面临的选择很多，选择吃苦也就选择了收获，选择奉献也就选择了崇高。品格高尚，才能言传身教勇担当，将正确的道德认知、自觉的道德养成和积极的道德实践结合起来，才能成为良好社会风气的倡导者、践行者，成为女职工中的典范。

第三节　要有坚强的意志

　　虽然说女人能顶半边天，但是女人如果想和男人一样男女平等，在某些方面还是需要一定的时间来慢慢实现的，特别是想成为成功的女职工，想有自己的事业，作为女性比男性付出更要多的代价才可能。

女职工要学会坚强一点。女人和男人在思维和考虑问题的角度上存在很大的差异，这种差异让男人主导世界，女人主导家庭。世界因男人和女人的这种合作而形成千百年来不变的格局。女职工要想事业成功就得让自己的内心更像男人。

女职工要理清自己的情感。任何人做事的时候，都要投入大量的精力和情感。有时过于投入会让自己迷失方向，甚至无法做出正确的判断，而自我灭亡。要想把握方向，掌控事态的发展，就必须让自己与人、与物保持一定的距离，冷静而准确地做出判断。女职工处理问题不能感情用事，不能优柔寡断，当然也不能因为菩萨心肠失去自己的意志。大多数女职工的虚荣心来自美满的婚姻、嫁个好夫婿、多银、美貌、子女等，这很正常也非常的合情合理。但对于要想自己创业的女职工来说必须有一个清醒的认识，那就是：女人都会有作为女人的不满足和缺失。既然决定追求事业成功，那么不管处于哪个阶段，成功与否，都必须有一种超越虚荣心的责任感来对待自己的事业。

女职工在很多时候比男人更加的坚强。比如，生病的时候，受伤的时候，遇到重大挫折的时候等等。同样，在追求事业成功的过程中，女职工必须发挥这种特质，不要再希望获取别人的怜爱和任何人的安慰，因为这些都是短暂的。不能让任何因素绊住前进的道路，失败的时候能够从其中爬起来，做个坚强意志的女性。爱情对于女人是青春和活力的保障，追求事业成功的女职工也不要忘了爱情的力量。同时，爱也是广义的，你要爱你的事业、你的同事。男人成功的背后要有为自己付出的女人，同样女人成功也离不开家人的支持，所以不能忘记自己的家庭角色，不能不顾家。

第四节　要有志向和目标

一个人总是要自立于社会，当我们踏出校门步入社会，无论你有无意识，实际上你已经开始了你经营人生的活动。一个人如果没有目标责任规矩自己的行为方向，你就会成长缓慢甚至步入歧途。我觉得人不能放任人生、游戏人生或赌博人生，而应该有意识地磨砺人生，有意识地设计人生，这才是积极向上的人生态度。

目标志向就是人生的旗帜，没有志向就好像没有灵魂，没有主心骨。企业有企业的目标，员工有员工的目标，无论从事什么职业，无论起点高与低，有目标志向就能获得内在动力，有目标志向无论干什么都能干得起劲，甚至干到极致，哪怕是打扫厕所。相反，没有志向、目标短浅，只能取得眼前的小利益，不能换取人生长久的大利益。远大志向是建立在一个个阶段性目标基础之上的，大多女职工并不是一开始就有多大多明确的目标志向(包括伟人、名人)，而是随着一个个阶段性目标的实现，远大的志向目标才逐渐清晰了。也就是说，女职工不一定马上有明确的志向目标，但一定要有创造优秀人生的志气，一定要有明确的阶段性发展目标。这个阶段性目标的设定很重要，它导引着你避免浮躁与消沉、不空想、有恒心，一步一步扎扎实实地去实现人生的阶段性积累。

卓越孕育于点滴积累之中，大厦由一砖一瓦堆砌，大海由一点一滴汇聚。其实人的品格修炼首先是从小事、从细节开始的，人生需要多方面的丰实积累，概括地分两个主要方面：一是品德修养方面，二是知识技能方面。你的阶段性目标越明确，你完成的积累越快。积累也是有技巧的，这个技巧就是"经营时间"。人说"勤奋是事业之桨"，我们讲"勤奋敬业是为自己的人生打造品牌"，离开勤奋，无论你有多高的天分，只能碌碌无为。鲁迅先生说：哪有什么天才，我只不过把别人喝咖啡的时间都用在工作与学习上了。所以说完成积累就是投资时间，投资时间需要傻劲，投资时间就是要付出，会"挤"时间，你如果一天省出40分钟时间，那么你的一年就相当于13个月。而经营时间需巧劲，需要你把一个阶段的工作，特别是把一天的工作调理有序，紧张而有次序，这样久而久之，你就能形成一种习惯，这个习惯最大收益不是出了多少业绩，更可贵的是长期的行为习惯，铸就你优秀的素养。

每个女人都渴望完美，渴望幸福快乐地过一生，完美的女人一生中有太多追求，但是有魅力的女人是懂得取舍的女人，本书就是告诉我们应该如何取舍。女人一生应该拥有自己的人生梦想，梦想就像黑夜里的一盏明灯，一弯新月，又像是岁月里的一缕清风、一滴露珠、一丝细雨，有梦想的女人是美丽的。在人生的道路上，没有挫折就没有成功，没有挫折的成功不是真正意义的成功。要知道，挫折是人生的必经之坎，从某种程度上说挫折越多，积累就越多。我相信，世界上有建树的人的挫折远非常人能比。一个追求事业成功的女职工可以有一万个理由去寻找自信，但不应该寻找理由自卑，自我贬低，这就是降价处理自己。因为你有目标，因为你有责任动力，退缩与懦弱就不属于你，要让成功永远浸透你的人生目标，你就能只为成功想办法，不为失败找理由。

第五节　要有实现目标的行动

只有目标没有行动，一切都是在空想。女职工要想实现自己追求的事业目标，必须先从行动开始。只有开始行动才能离目标越来越近，才能最终实现目标。女人要拥有自己的事业，有事业的女人才会自信、自立。工作不仅给女人带来成就、充实、满足和快乐，而且还带给女人尊严、责任和安全，这是任何别的事物不能替代的。经过职场的历练而性格成熟的女人，更能经得起人生的大起大落。

做任何事情都必须要有动力，行动也不例外。责任是行动的源泉。女职工做好行动，必须培养和提高自己的责任心。一是做好坚持执行。多少年的经验告诉我们，现有的工作或管理没有做好的原因往往不是因为我们没有办法、没有制度，而是因为我们没有坚持执行。在日常工作中，我们的工作质量不高在于我们没有坚持执行好相关的规范标准，在于我们没有坚持执行好日常检查工作，技术水平不高在于我们没有坚持执行好技术培训制度，没有坚持执行好学习计划等等。因此做好坚持执行对做好行动至关重要。

有很好的行动不一定有好的结果，那只有一个原因就是我们的方法不对。要经常总结反思发现我们工作中的问题和不足，及时修正我们的工作方法，提高工作效率，从而使我们的行动以最快的速度去追逐预定的目标。

在处理没有经验且难度又较大的工作任务时，需要坚持一个原则，那就是先行动起来。在工作之前我们可能想过很多困难，但在行动的过程中我们经常有这样的感觉，"这个事情没有我们想象的那么难"。时间、目标和行动管理是密不可分也是相辅相成的，只有做好时间、目标和行动的协调才能实现我们的工作、生活甚至是人生价值，开创更加美好的明天。

第六节　要有宽广的胸怀

一提宽容就会想到"海纳百川，有容乃大"，宽容不仅仅是海量，更是一种修养及修养促成的智慧，只有胸襟开阔的人才会拥有。

女人要学会宽容，不要为小事计较。法国19世纪的文学大师雨果曾说过这样一句话："世界上最宽阔的是海洋，比海洋宽阔的是天空，比天空更宽阔的是人的胸怀。"宽容是一种博大，它能包容人世间的喜怒哀乐；宽容是一种境界，它能使人生跃上新的台阶。在生活中学会宽容，你便能明白很多道理。宽容是一种美德，宽容也是一种幸福，我们饶恕别人，不但给了别人机会，也取得了别人的信任和尊敬，我们也能够与他人和睦相处。宽容更是一种财富，拥有宽容，就是拥有一颗善良、真诚的心。宽容和忍让是人生的一种豁达，是一个人有涵养的重要表现。

女职工眼界不仅要开阔，胸襟更要坦荡和宽广。工作中要从小处着眼，从大处把握，要有容人、容事的海量，克服斤斤计较、患得患失，把精力投入到学习和工作中去，力求做一个豁达大度、心田似海的女性。对人对事，适度宽容好处很多，即维护了别人的尊严，也有益于使其迷途知返。多一分宽容就多一分友情，多一份团结和谐，生活中也少些烦恼，多一些快乐，多一些安宁，何乐而不为呢？

但要真正做到宽容也不是一两天就能做到的。宽容，需不断提高个人修养才行。

女人还应拥有几个亲如姐妹的好朋友，分享心事、宣泄苦乐。大千世界，茫茫人海中，朋友能够彼此遇到，彼此认识、了解，实在是缘分，也可以说是一种幸运，所以应该珍惜！那到底什么才是朋友呢？当你孤独、寂寞时，可以陪伴你；当你快乐、得意时，可以与你分享；当你烦闷时，可以听你倾诉；当你困难时，可以帮助你；当你伤心时，可以抚慰你。朋友能够彼此敞开心扉，彼此相互信任。所以，每一个女人，在漫长的一生中，一定要拥有几个亲如姐妹的好朋友。

第七节　要有充分的自信

女职工不应该只满足于小家庭、小圈子，甚至甘当配角，应该确立清醒的主体意识，增强干事创业的主动性，自己来设计、掌握自己的命运。女职工绝不是社会生活的点缀，只要克服了胆怯畏难的心理弱势，用良好健康的心理状态适应社会、迎接挑战，女职工完全有能力在社会分工中争取平等地位，掌握主动权。

拥有实力的人才能掌握竞争的主动权，女职工只有不断提高自身素质和竞争能力，自尊、自信、自立、自强，才能在激烈的竞争中占据一席之地。一是要加强学习。要抓紧一切时间，特别是业余时间进行学习。要学习党的路线、方针、政策，还要学习科学技术、市场经济、法律法规等方面的知识。时刻注意提高自己的知识储备量，这样才能在工作中游刃有余。二是要敢于担当。面对纷繁复杂的工作，必须要敢于面对，勇于面对，不能有了一点困难就退缩，把自己放在弱势的位置上，自怨自艾。在工作上要有冲劲、韧劲和干劲，要勇于承担繁重的工作，敢于挑战自己，遇到困难决不妥协，迎头赶上。三是要发挥优势。女性区别于男性的优势在于敏锐和亲和。女性长于感性思维，心思细密，善于观察，这种感知能力作为人类重要的心理品质，对干事创业尤为重要。同时，女性天生有着仁慈心，柔情、博爱，这使女职工有着先天的亲和力，能使现代管理更加人性化。所以，女职工要善于发挥自身的优势，既要注意锻炼自己的政治敏锐性和鉴别力，又要能发挥情感优势，在作风上更加平易近人，在工作中更好地打造有凝聚力和战斗力的团队，从而发挥集体的力量，在共同发展中实现人生的价值。

在社会生活中，每个人都承担着不同的社会角色。女职工不但承担着单位的工作任务，同时要为人母、为人妻，肩负着社会竞争和家庭事务的两副重担。如何处理好操持好家庭与干好工作的关系，是对每一个女职工的挑战。女职工容易出现两种错误的取向。一是过分自我否定。对自己的能力估计过低，制定的奋斗目标太小，甚至害怕成功，害怕做女强人，害怕事业上的成功会带来家庭的不稳定。二是追求完美。一些女性既追求事业上的成功，又想为家庭尽职尽责，常常搞得自己疲惫不堪。这两种心态都是不可取的。正确的做法是在对自身能力正确估计的前提下，掌握策略，善于化解压力，处理好主要矛盾。任何事情，没有必要事必躬亲，工作中要善于抓关键，力戒"捡了芝麻，丢了西瓜"。生活中要强化家庭观念，摆正好位置，回到家中，就是父母的女儿和儿媳，是丈夫的妻子，是孩子的母亲，尽量不要把工作中的事情带到家中，更不能因工作中遇到的困难而影响全家人的情绪，切实使自己幸福的家庭成为自己干事创业的有力支撑力量。女职工由于自身的特殊性和社会责任的复杂性，注定了肩上的担子更重、责任更大。但只要树立信心，增强本领，男同志能干的事，女职工一定能干，甚至在有些方面会干得更好。

第六章

如何成为国企的骨干

第一节　提高经营和管理能力

作为一个社会经济组织，企业生存和发展的基础是赢利。企业里利润说明一切，效益决定一切。如果一个企业没有利润做支撑，即使拥有再优秀的员工、再大规模的资金、再好的技术产品、再高的品牌形象和再顺的外部环境，也会很快陷于困境甚至倒闭。

因此，从企业经营角度来说，一切与赢利无关的组织和个人行为，都属于无效劳动，只能算是人、财、物、时间等资源的浪费，没有任何经济价值。这就要求，企业在经营过程中的每一个企业行为，包括各级管理者、经理的每一个行为、员工的每一个行为，都要引导、限定于能否为企业创造增值利润的方向和范围上来。企业保持可持续发展的核心竞争力的关键要素在于经营管理层识别商机、整合资源、运用资源的能力。因此，提高企业经营管理层的职业素质和职业能力是影响企业经营利润的关键因素。

国企骨干要具有哪些能力，才能胜任企业交付的职责和任务呢？我们认为，国企骨干要完成企业生存与发展所赋予的职责和任务，必须在具备开拓意识、创新意识和团队精神等素质的基础上，同时具备一系列经营和管理能力。首先，必须具有管理方面的能力：主要是具有规划能力、控制能力和执行能力；其次，必须具有经营方面的能力：主要是具有在识别问题、识别商业机会、识别内外部环境基础上的开拓创新能力、独立决策能力和提出较优解决方案的能力。

提高管理能力。对于部门经理来说，管理能力主要体现在三个方面：规划能力、控制能力和执行能力。

规划能力，是在企业现有的内部、外部环境条件约束下，组织、调动可以动员的资源(资金、项目、人员)，创造性完成部门的利润目标。国企骨干要做到心里有数，事前要规划、预算(一般说的是做专业的计划)，明确部门已有多少资金、多少人、多少项目，一方面，要完成既定的利润目标，还需要组织调动多少资金、多少技术、业务人员；另一方面，还需要拓展哪些市场、业务项目才能找到新的利润增长点。控制能力，是一个优秀国企骨干必须具备的能力。包括时间控制管理、业务进度控制管理、质量控制管理几个方面。时间控制管理，控制时间就是科学地管理自己的时间段，控制单位时间的产出效率。效率和效益成正比。没有效率，就绝不会有效益。时间管理强调效率，在一定时间内完成的工作越多，效率越高，部门创造的价值就越多。懒懒散散地干工作，只是在混日子，而不是在搞企业。试想，10 年完成利润目标 10 万元和在 3 年、1 年、1 月期间完成 10 万元，其管理能力有无差别？业务进度控制管理。不会控制进度的经理，不会真正懂得企业管理。部门经理要善于管理安排自己的工作进度，每天要把计划安排做的工作，按重要度分别记在工作日志上，以计划进度作为标准去努力完成，不要寻找完不成任务的借口和所谓理由，这是不负责任的表现。质量控制管理，就是要严格按照标准体系控制好采购、生产、销售、服务等每一个工作流程的质量，尽量避免和减少损失。不断修订详细的作业标准，然后通过规范业务流程进行过程控制的过程，这要求部门经理要能给下属指示、宣传标准和按标准进行现场监控、指挥，并不断完善修订之。执行能力，企业每给定一个目标、任务，部门经理即应在规定的时间期限内在当前的资源前提下独立组织本部门的人力、物力完成既定量工作任务。"没有条件，创造条件去完成"是部门经理执行能力的体现。政客可以"一顶二拖三胜利"，企业管理者却不允许把责任上交下推、左右踢球。

提高经营能力。国企骨干经营能力包括：开拓创新能力，独立决策能力和能识别问题、识别商业机会、提出较优解决方案的能力。企业的生存发展，要求国企骨干不但要具有管理能力，具备经营能力，还能正确处理管理与经营的关系。首先，经营能力体现在要对项目从财务角度进行加减法计算，即预算投入与产出比、收入与费用比。产出始终没有大于投入的项目，是失败的经营。经营能力可分为优、良、合格、差四个等级。判定经营能力的量化法则是，作为一个合格的中层事业部经营人员，至少要为企业创造高于自己工资报酬 10 倍以上的利润收益，良好的为 20－50 倍，优秀的则要达到 50－100 倍。其次，经营能力体现在识别问题、识别商机、解决问题的能力上面，即拿得出较优解决方案。调研外部环境、预测行业未来、参与制订企业战略规划、拟订本部门的经营计划，并细化执行步骤、提出补救措施，确保其成功实施，这是部门经理的基本职责。如果一个部门经理长期拿不出赢利的经营方案，要么终止该部门的业务项目，停止运营，要么换部门经理，让有此经营能力的人来承担相应的职责。

要正确处理好管理与经营的关系。管理注重内部生产扩展，重点在节流，通过管理可以降低成本，提高效率，运转有序。经营注重外部市场拓展，重点在开源。企业离不开管理，但更需要经营，因为"开源比节流更重要"，企业必须要有赢利才能生存发展。部门经理要对股东、员工的利益负责，确保投资回报率的增长。我们不能说：今年、明年，我只达到能付足人员工资，就算不亏、保本，就行了。因为企业的支出，不仅包括人员的工资、电话费，还要包括折旧、房租、水电费、业务招待费，还有税收，还有大量的广告费用，还有时间成本、利息，等等。如果在 1 年内没有效益、获利，员工还可以等待，投资者还可以等待。但是，如果两三年都还没有见效，还没有在本行业中建立一个可以持续赢利的经营项目，那么，员工的待遇上不去，企业留不住人才，优秀的人才会流失，投资者也会失去信心。如此，企业怎么会有希望呢？我们的部门经理们要重视这些问题。

所以，国企骨干的经营管理职责，不仅仅就是安排部属，让他们去做一些日常性、常规性的工作，或自己亲自去完成一些事务性的工作(甚至是毫无目的地去做、毫无效率、效益地去做)，更重要的是要能够给部门和下属一个清晰的赢利平台和清楚的目标、任务、利润指标、进度要求和权责范围、作业标准、工作流程、行为规范以及简单、高效的工作方法。

第二节　为企业着想，敢于担当

发展目标确定之后，干部就是决定的因素。企业面临的形势和任务要求必须按照公司的发展理念，进一步加强干部队伍建设。作为国企骨干，必须统一思想，行动一致。这是当好一个称职干部的基本条件。干工作，上下同欲者胜，心往一处想，劲往一处使，才能提高效率。一个人的力量总是有限的，国企骨干受公司的委托工作在关键岗位上，理应在自己的岗位上带好自己的兵、站好自己的岗、尽好自己的责。这需要提高领导艺术，讲究领导方法，认真转变观念，提倡相互尊重。有什么样的将，带什么样的兵。常坐办公室的将，兵也常坐办公室；天天在现场忙活的将，他的兵也会在办公室里坐不住。真抓实干，持续改进，这是对干部工作态度和工作作风的基本要求。

真抓实干是真干实事，体现了干部的思想和业务技术素质。持续改进是不断总结经验教训提升水平，不断发现问题解决问题，依靠的是大家的主动性、责任心和创造激情，体现的是企业的生机和活力。企业在市场上打拼，许多事，从来急，很紧迫，不容懈怠，需要国企骨干处处为企业着想，扑下身子，求真务实，一个问题一个问题去解决，一个困难一个困难去克服。在真抓实干持续改进问题上，国企骨干手里要有绝活，不要当脱产干部，关键时刻要能亲自动手解决问题，以身示范就是别人干不了的你能干。什么是领导？领导是能解决问题能克服困难的人，是善于用人会调动大家积极性的人。当领导的要少说不说"给我上"，多说多做"跟我上"！真抓实干持续改进的最好的办法是现场办公，各专业做好专业管理的最好办法是跟班作业。产量、质量、消耗、设备、跑冒滴漏、安全环保，所有问题都发生在生产过程的现场，真抓实干持续改进的工作重点就在生产现场。

现场是既解决生产问题，又提升经验技能的最好平台。当然，除了改进工作作风外，还要在业务技术上学习进取，不掌握过硬的业务技术本领，想干不会干也无济于事。因此，国企骨干在自己带头学习的同时，也要鞭策自己的部下认真钻研业务技术，干哪一行就成为哪一行的行家里手，做什么专业就成为什么专业的专家，学习进取是没有止境的。

勇于担当的内涵是勇于负起责任，挑起重任；外延是实事求是，诚信做人。勇于担当是一个人自信心、责任心和事业心的外在表现。勇于担当，首先是在自己岗位上恪尽职守，尽职尽责，这是基础。自己的岗位职责都顶不起来，何谈勇于担当。有许多事，只要增强一点责任心就能干得很好。员工的责任心是企业的原动力，也是企业的防火墙，各级干部要带头强化责任感，带头负起责任。企业现在既需要引进各类高端人才，又需要让现有员工大有作为，因此要创造一种氛围、一种机制，让大家都主动起来，都负责起来，都把技能提高起来，这是人力资源部门和各级干部的共同担当。对此，国企骨干要带头树立大局观念，强化全局意识；允许有情绪，但要防止情绪化；遇到工作不要先说不行，要先想办法；也不要一有机会就唠叨不满，牢骚太盛不利团结。现在绩效考核了，薪酬收入将逐步转向能者多得的新轨道，因此也提倡一专多能、"没事找事"，重在培养人们的主动进取意识。还要强化抱团意识，要在全公司形成一种合力。强化管理就是服务的意识。产品要围着市场转，管理要围着生产转，企业都要围着效益转。企业是一个利益共同体，也是一个责任共同体，每个员工如果都能把企业的事当成自己的事，干企业所想，解企业所急，什么事都好办了。

第三节　处理好同事、上级和下级的关系

如何搞好人际关系是一个技术的问题，在说明该问题之前，先要讨论的是为

什么要搞好人际关系。如果没有必要，技术上的讨论也就没有了价值。从心理上讲，不管身份高低，每个人都希望受人欢迎，因为受人欢迎意味着对自我价值的肯定。老师希望受学生的欢迎，学生同样希望老师喜欢自己。一个人可能一时不在乎别人是否喜欢他，但是他不可能所有的时候都不在乎。人们之所以要追求受人欢迎是在我们一出生时就注定了的，因为我们总是不能离开他人而独立地生存。在人际关系问题上许多人共同存在两个认识上的误区：一是对人际关系抱无所谓的态度，二是在人际关系上过分讲究谋略。

处理好人际关系的关键是要意识到他人的存在，理解他人的感受，既满足自己，又尊重别人。下面有几个重要的人际关系原则：

1．真诚原则

真诚是打开别人心灵的金钥匙，因为真诚的人使人产生安全感，减少自我防卫。越是好的人际关系越需要关系的双方暴露一部分自我，也就是把自己真实想法与人交流。当然，这样做也会冒一定的风险，但是完全把自我包装起来是无法获得别人的信任的。

2．主动原则

主动对人友好，主动表达善意，能够使人产生受重视的感觉。主动的人往往令人产生好感。

3．交互原则

人们之间的善意和恶意都是相互的，一般情况下，真诚换来真诚，敌意招致敌意。因此，与人交往应以良好的动机出发。

4．平等原则

任何好的人际关系都让人体验到自由、无拘无束的感觉。如果一方受到另一方的限制，或者一方需要看另一方的脸色行事，就无法建立起高质量的心理关系。

最后，还要指出，好的人际关系必须在人际关系的实践中去寻找，逃避人际关系而想得到别人的友谊只能是缘木求鱼，不可能达到理想的目的。我相信，受人欢迎有时胜过腰缠万金。

在工作中，我们会面临着不同的人，而在工作中我们又应该如何处理好人际关系呢？人际关系是职业生涯中一个非常重要的课题，特别是对大企业的职业人士来说，良好的人际关系是舒心工作安心生活的必要条件。如今的毕业生，绝大部分是独生子女，刚从学校里出来，自我意识较强，来到社会错综复杂的大环境里，更应在人际关系上调整好自己的坐标。

对上司——先尊重后磨合：任何一个上司(包括部门主管、项目经理、管理代表)，干到这个职位上，至少有某些过人处。他们丰富的工作经验和待人处世方略，都是值得我们学习借鉴的，我们应该尊重他们精彩的过去和骄人的业绩。但每一个上司都不是完美的。所以在工作中，唯上司命是听并无必要，但也应记住，给上司提意见只是本职工作中的一小部分，尽力完善、改进、迈向新的台阶才是最终目的。要让上司心悦诚服地接纳你的观点，应在尊重的氛围里，有礼有节有分寸地磨合。不过，在提出质疑和意见前，一定要拿出详细的足以说服对方的资料计划。

对同事——多理解慎支持：在办公室里上班，与同事相处得久了，对彼此之间的兴趣爱好、生活状态，都有了一定的了解。作为同事，我们没有理由苛求人家为自己尽忠效力。在发生误解和争执的时候，一定要换个角度、站在对方的立场上为人家想想，理解一下人家的处境，千万别情绪化，把人家的隐私抖了出来。任何背后议论和指桑骂槐，最终都会在贬低对方的过程中破坏自己的大度形象，而受到旁人的抵触。同时，对工作我们要拥有挚诚的热情，对同事则必须选择慎重的支持。支持意味着接纳人家的观点和思想，而一味地支持只能导致盲从，也会滋生拉帮结派的嫌疑，影响公司决策层的信任。

对朋友——善交际勤联络：俗话说得好：树挪死，人挪活。在现代激烈竞争社会，铁饭碗不复存在，一个人很少可能在同一个单位终其一生。所以多交一些朋友很有必要，所谓朋友多了路好走嘛。因此，空闲的时候给朋友挂个电话、写封信、发个电子邮件，哪怕只是片言只语，朋友也会心存感激，这比邀上大伙撮一顿更有意义。

对下属——多帮助细聆听：在工作生活方面，只有职位上的差异，人格上却都是平等的。在员工及下属面前，我们只是一个领头带班而已，没有什么了不得的荣耀和得意之处。帮助下属，其实是帮助自己，因为员工们的积极性发挥得愈好，工作就会完成得愈出色，也让你自己获得了更多的尊重，树立了开明的形象。

而聆听更能体味到下属的心境和了解工作中的情况，为准确反馈信息、调整管理方式提供了翔实的依据。美国一家著名公司的负责人曾表示：当管理者与下属发生争执，而领导不耐心聆听疏导，以至于大部分下属不听指挥时，我首先想到的是换掉部门管理者。

向竞争对手——露齿一笑：在我们的工作生活中，处处都有竞争对手。许多人对竞争者四处设防，更有甚者，还会在背后冷不防地"插上一刀踩上一脚"。这种极端，只会拉大彼此间的隔阂，制造紧张气氛，对工作无疑是百害无益。其实，在一个整体里，每个人的工作都很重要，任何人都有闪光之处。当你超越对手时，没必要蔑视人家，别人也在寻求上进；当人家在你上面时，你也不必存心添乱找茬，因为工作是大家团结一致努力的结果，"一个都不能少"。无论对手如何使你难堪，千万别跟他较劲，轻轻地露齿微笑，先静下心干好手中的工作吧！说不定他仍在原地怨气，你已完成出色的业绩。露齿一笑，既有大度开明的宽容风范，又有一个豁达的好心情，还担心败北吗？说不定对手早已在心里向你投降了。

时刻明白自己在做什么，知道自己最需要什么。在生活的道路上知道和明白自己生活的目标和理想，生活在一个环境中你可能会受到环境对你自己的影响，但是你不能迷失自己，你应该坚持自己的原则和生活习惯，在合理的范围内改变自己，生活的艺术在于你自己不断地调整自己以适应不断变化的环境和所遇到的不同情况。我认为我们所面对的问题无非就两点，如何处理好自己和自己的关系以及自己对周围的关系，这两种关系始终伴随着我们。我们在生活着无非就是我们自己如何处理好这两种关系。我的观点是，我们每个人都应该在自己的位置上做好自己。对此我的生活的原则是：

(1) 知道自己最需要什么，明白自己目前最需要什么。

(2) 不要太在意别人的眼光和评论，因为我们每个人都有自己的思考方法，不要期望每个人都和你的一样，但是有个前提是你所坚持的你认为正确的东西必须要符合规律和道德观念，不能背离底线，尊重别人的观点，不要正面反击。

(3) 做人、交友要有分别，不要把什么人都作为朋友，交友要慎重，做人要真诚，不要徒外表，注重自己内在的修养。

(4) 要柔和地接受事物，做到坚定而不固执，冷静而不冷漠，稳重而不失去激情。

(5) 时时地调整自己以顺应潮流，要接受新观念和新理念。

(6) 不刻意迎合别人，不刻意疏远别人，尽自己的努力帮助别人，说话要留余地，做人要圆滑。

(7) 凡事不要依赖别人，多靠自己，最明智的活法是做好自己，只有你自己强大了，别人才会瞧得起你，那种阿谀奉承和妒忌的人，是最傻的人。我们每个人都有自己的小花园需要自己去整理，不要只是去羡慕和妒忌别人的，你也可以依靠自己修整好自己的花园。

(8) 适当地减少自己不必要的愿望。不要什么都想要，那样的话，你会活得很累，你也就没有更多的精力来做好你自己应该做的事情。学会放弃，真正成功的人并不是在每一方面做得都很优秀的人，而是在某一方面做得很出色的人。

(9) 尊重每一个人，这样你才会赢得别人的尊重，记住一点多说别人的好处，不要揭露别人的缺点。

(10) 珍惜自己和别人的时间。最后一点，最重要的一点是你自己一定要喜欢你自己，爱你自己，一个连自己都讨厌自己的人是不会受到人们的喜欢的，爱你自己！

第四节　想在前，干在前，作表率

"爱岗敬业"首先反映在心理特征上，然后体现在实际行动上。敬业就是尽心，敬业就是尽力，敬业就是尽职，敬业就是尽责。爱岗敬业从"岗"上讲要把工作岗位作为强素质的讲台，坚持干到老，学到老，学用结合；把工作岗位作为尽职责的平台，守土有责，尽职尽责，发挥我们的才能，要有甘当一个螺丝钉的精神；把工作岗位作为显身手的舞台，人生如一场戏，我们都要研究这个角色，适应这个角色，扮好这个角色，创造这个角色。爱岗敬业的"业"作为行业、事业，应从两个方面去理解，作为"行业"，要敬业、爱业，要真心实意想干事。想干事是时代对我们的要求，想干事要真心实意，"真心"就是对党和人民真心，想党所想，"实"是不搞虚，不做假，我们敬业，首先就得想干事。要勤奋学习能干事，就是我们不仅想干事，还得有能力，得勤奋学习，向书本学，向别人学，具备会干事的本领。要义无反顾敢干事。不左顾右盼，不前怕狼后怕虎，不因循守旧，故步自封。"敢干事"就是敢于负责、敢于做主，要有这种胆略，有这种气概。

党员干部是人民群众当中的骨干分子，这部分人能否发挥战斗堡垒作用、能否发挥模范带头作用，关系到人民群众创先争优积极性的高低，乃至影响到一个单位、一个部门创先争优的风气。一个自身不争先进、创优秀的党员干部，如何要求别人在工作中创先争优呢？"走在前、干在前、作表率"是中央领导对各级党和国家机关的殷切希望，更是对千千万万党员干部的切实要求。广大党员干部要理解习近平同志此言的深层内涵，将单位创先进与个人争优秀结合起来，在工作中不断发扬挑大梁、担重任、扛红旗精神，事事走在前面，时时做好表率。

"走在前、干在前、作表率"不是一句空话，不是一句空文，要在实际工作中践行：要让成绩走在前面，做好干事表率。当前，在个别党员干部中存在玩风太盛、惰性太重的现象，凡事得过且过，不求上进，遇到问题绕着走，碰到困难低头过，不思进取，甘居人后，影响了创先争优活动的顺利开展。广大党员干部要从这种庸、懒、散的状态中摆脱出来，比学赶超、奋力争先。行不行，成绩上见分晓，好不好，工作中找差距，中不中，人民群众说了算。凡事带着群众干，干给群众看，在工作中争创一流，率先垂范，做一名人民群众信服的好干部。

要让德行走在前面，作好道德表率。时代先锋、道德楷模郭明义的事迹感动着我们每一个人，在平凡的岗位上一样能干出不平凡的业绩。"德才兼备、以德为先"是我党考察任用干部的标准，党员干部更要自觉地将提升自己的道德境界作为努力方向，以高尚的道德情操激励自己，以不断涌现的道德楷模为前进标杆，以为人民群众谋福祉作为道德追求，在不间断的做好事中提高认识、升华境界，当好人民群众的道德表率。道德没有疆界，善举感召人心，党员干部只有自己行得正、站得直，人民群众才会认得准、信得过，党的事业才能干得好、走得远。

第七章

如何处理家庭与事业

第一节　处理好爱家与敬业的关系

女性是推动社会发展的重要力量。社会的全面发展，需要女性的广泛参与，也为广大女性发挥聪明才智提供了广阔的舞台。同时，女性也是家庭的重要组成部分，在构建和谐家庭的进程中起着举足轻重的作用。国企女职工们从家庭里走出来，走到一个个工作岗位上，从一个个工作岗位上结识了同事、朋友、伴侣，组建了自己的家庭。对于她们的一生，家庭和事业成为不可分割的共同体，家庭和事业就像她们的左手和右手，像她们的前胸和后背。

相信大家都熟悉一篇中学课文《鱼我所欲也》中的名句，鱼和熊掌"二者不可兼得"，然而，显然不能把爱家与敬业做简单的取舍，更不能把二者非此即彼地对立起来。视爱家与敬业等同于不可兼得的鱼和熊掌，这不仅是人们认识上的重大误区，而且是价值观上的严重误导。爱家和敬业不是鱼和熊掌，而是心之两翼，是美好人生在生活与工作之间的平衡艺术，都应该兼顾。安定祥和的家庭，永远是事业的充电器、加油站，是信心与力量之源。兼顾家庭和事业共同发展，才能培养成功的家庭，同时又促使我们走向事业的成功。

职业女性在认真经营事业的同时，家是女人另一份永远的职业，它同样需要"经营"。借鉴工作的角度和方式去经营家庭，会得到意外的收获，思想会更开阔，境界会更高。把家人当同事、当朋友，才不会存在过分迁就和纵容，才不会锱铢必较，才不会存在无理的要求和无止境的索取，更不会慵懒地躺在家人身上，让上至父母、下至丈夫孩子永远一厢情愿地照顾和迁就自己。在工作上，对身边的同事我们都会关心他们的喜与忧，对待和自己长相厮守的丈夫和血浓于水的亲人，不更应该会真情相待，以爱相处？对待同事们给予的支持和帮助，我们总是会心存感谢，对家人的陪伴、关心和照顾，不更应该怀着一颗感恩的心？处理家务事，有时也要像在单位上对待工作一样，多提合理性建议。对待家人也要像对待同事和朋友一样，多鼓励，多赏识。与家人相处和与同事、朋友相处一样，有很多事情并非能用绝对的"对"与"错"来判定，永远没有"常有理"，永远也没有"常有错"，有的只是想法的不同，应该学会沟通，学会宽容、适应和谦让。

工作中需要民主，家庭中也需要民主，在一个民主的家庭中，家庭成员才能充分沟通，相互信任和尊重，对于职业女性来说，也才能在家庭中受到平等的尊重，才能得到丈夫、家人的充分支持，日子过得和谐美满，工作开展得顺心圆满。很多优秀的国企女职工通过自己的努力和出色的工作业绩，已经走到领导岗位上，在单位上都是有胆有识的"女强人"，回到家中，学会做回"小女人"，温柔平和地对待家人，对待自己的另一半，让身边的他感觉到，这个在外面风风火火的女子是家的一部分，让家庭生活有更多的爱与温暖，这很关键也很有必要。

在单位上，我们和工作团队在一年一年的工作历练中得以共同成长；在家庭里，我们和配偶、和孩子同样在一岁一岁的日子中共同成长。家庭的每个成员都需要从细微之处彼此关怀，彼此鼓励，各自在岗位或学业上积极进取，各有建树，家庭成员才能享受融融之乐。每个人的进步都与这个家分不开，每个人取得的成绩都会是这个家的共同荣耀。

如果说家庭是一片土地，只有家庭没有事业，可能会像贫瘠之地，无生机、不精彩。女职工们的事业或工作，会让这片土地生机盎然，涌起金秋麦浪，生出绚烂夏花。走入职场的女性们，事业上可能会遇到棘手的问题和矛盾，遇到相处融洽或是不融洽的同事，遇到纷繁复杂的外部环境，遇到一切想象不到的困难和阻力。在工作中带入家庭的温暖，就能在面对数不清的艰辛挑战时，始终保持愉悦而乐观的心态，激发饱满的工作热情。工作的喜讯拿回家庭分享，以感恩的心态去面对家人，能让家庭更加和睦美满。家庭的难事可以给同事们讲讲，在工作上求得同事谅解和帮助，也可以从同事那得到一些好的建议。当同事遇到难事，也积极地伸出支持帮助之手，用家庭般的温暖去关心同事、构筑团队，大家彼此关心，互相帮助，互听心声，心情愉快地共同工作。同事的支持、团队的合作是事业成功的关键，在工作中融入家庭的理念，工作会更舒心、更顺心。

兼顾爱家与敬业是平衡的艺术。在不同时期，对家庭和事业要有不同侧重。平衡的过程中，学会体谅他人，也要学会体谅自己。女性有几个特殊时期，比如怀孕、生产、哺乳期，子女就业升学关键期，父母生病等时期，工作时间和精力会受到很大影响，总会面临很难将精力全部投入工作的困境。作为女性，这时候要学会理解自己、宽容自己、善待自己，淡定地面对，把这当成是保持和积蓄工作力量、另一种自我成长的关键时期。而工作处于重大险难事情时，就把精力和时间着重放在工作上，用工作的好成绩让父母感到欣慰，赢得丈夫的钦佩与尊重，成为孩子的榜样。家庭确实会分散女人在工作上的时间与精力，但更多地会带给一个女人快乐、勇气和责任感。职场女性，尤其是职场妈妈在工作与家庭、工作与孩子之间平衡，这种平衡往往是一种分阶段有选择的放弃，完美的平衡是不存在的，永远不要因为无法"完美平衡"而自责。工作时专注于工作，把"家里事"先放下，从从容容、全身心做好工作中的每一件事。陪伴家人时，就专注做个好妻子、好妈妈、好女儿、好媳妇，全情地去感受家的温馨和甜蜜。也许平衡始终无法十全十美，但这份专注会带来一份无愧我心的充实感与幸福感，这份无愧我心，是无愧怀抱理想的那颗初心，又是无愧对家人的那份爱心。

家庭是船，事业是帆，帆儿推动船行，船儿扬起风帆。家庭和事业其实都有共同点，它们都不是那盏可以不劳而获的阿拉丁神灯，它们都是植根于土地的树苗，事业的成功和家庭的温暖，都需要长年累月地辛勤付出和心血灌溉，然后才能一点一点生长，待到秋天，挂满沉甸甸喜人的果实。"修身齐家治国平天下"是传承千年的儒家思想精髓，这句出自《礼记·大学》中的话告诉我们，每个人都要不断加强自己的道德素质修养，才能管理好自己的家庭。而家庭又是国家的缩影，能经营好自己的家庭，同样的热情与智慧也一定可以把事业干好，能更好地建设国家、服务社会，最终实现和美天下。

第二节 里里外外双奉献

伴随着社会进步，越来越多的女性步入职场，积极参与着社会经济、政治和文化建设，发挥着女性坚韧的优点，展现巾帼风采。"谁说女子不如儿男？"古时有代父从军的花木兰，已经用实际行动证明了女性的力量；新时代，国企的花木兰们深深懂得"位卑未敢忘忧国"的道理，她们愿意做一株株默默无闻的小草，一朵朵叫不出名字的小花，为构建和谐社会增添一份绿色和春意。当她们在外是叱咤风云的巾帼强人时，在家她们又是举案齐眉、相夫教子的贤妻良母，她们是父母膝下返璞归真的孝女和好儿媳，她们是孩子心中慈爱温暖的好妈妈。汉字的"安"，上边一个宝盖，代表家，下边一个女字，意思就是"有女则家安"，对于丈夫、老人和孩子，女人就是家庭的主心骨。

走入职场的女性朋友们力求着爱家与敬业的两全，里里外外双奉献。她们在两座陡壁间努力攀登，仰望着两座陡壁间的那片蓝天，她们用自己的坚忍书写着生命的丰硕和灵魂的伟大。是什么支撑她们像一个固执的、不畏艰辛的攀登者？是对家、国的爱，是那如篝火一般对生活的热情，是追求人生幸福的执着。

什么是幸福？正如"一千个人心中就有一千个哈姆雷特"，不同人心中对幸福的理解各不相同，不同人对幸福的演绎也千差万别。各行各业，那一个个干练的美丽身影，她们与男人并驾齐驱，各领风骚，她们用自己的聪明才智和勤奋努力，以她们在各自领域的业绩，谱写着一曲曲赞歌。夜幕降临，倦鸟归林，万家灯火掩映下的一户户平凡普通的人家，又有那么一个个温柔的身影，她们用夫妻间的相敬如宾、同舟共济，她们用尊老的一颗孝心，她们用育人的言传身教，演绎着最真实的幸福，享受着最舒心的生活。腰缠万贯不一定幸福，位高权重也不一定幸福，幸福是什么？作为新时代的新女性，能在服务社会中奉献自己的才干与智慧，追求理想、实现自身价值；能在构建和谐家庭中为家人付出，营造一个和谐、平安、美满的家庭；能在家里家外双奉献，为自己闯出一个更加精彩更加丰盈的人生，这就是幸福的最真实内涵！

社会对国企中的职业女性朋友们提出了太多的角色要求，她们需要在不同的角色间快速地切换。在某种程度上，她们里里外外、忙进忙出的生活，意味着沉重而谦逊的贡献，意味着繁琐而细腻的付出。事业有成，家庭幸福，是我们大多数人都向往的一种生活模式，但不是人人都能获得这样的生活模式。正如事业需要不断在学习中成长一样，经营家庭也需要不断地学习与成长。作为职业女性，必须在事业与家庭之间找到适合自己的平衡点，平衡好家庭角色与社会角色冲突，才能实现自己的卓越，实现家庭的和谐，成为那个里里外外双奉献的美丽天使！

很多在平衡家庭角色与社会角色冲突上做得很成功的职业女性，有一个诀窍就是"换帽子"。女人有多重角色，要做女儿，要做母亲，要做妻子，要做管理者，要做领导者，这样多的角色，这就像有很多顶"帽子"，但是如果你把"帽子"戴对了，不同的时间段戴不同的"帽子"，你就会很轻松，就能平衡得很好。早上出门，她们戴上管理者的"帽子"走进办公室，下班后，先把管理者的"帽子"摘掉，戴上妻子的"帽子"；回到家里就全身心地去面对自己的丈夫，彼此聊聊天，共同做做家务；当跟孩子在一起的时候，又脱下妻子的"帽子"，戴上母亲的"帽子"，全身心地放在孩子身上。根据不同的时间、地点、场合不断地"换帽子"，从而使"角色冲突"变成"角色平衡"。

在关注小家庭的同时，一个懂得事业与家庭生活平衡之道的优秀职业女性，一定还会做好对双方父母的照顾与关爱。古训有言"百善孝为先"，孝敬父母是中华民族的传统美德，孝亲敬老是营造幸福家庭的基石。当你在事业和家庭之间两头奔忙时，总有那么两双眼睛，默默地看着你忙碌的背影，他们会为你的辛苦而心疼，为你的优秀和幸福而喜悦，那就是我们那永远唠唠叨叨、永远念想着儿女的父母双亲。人们总在议论着婆媳关系的微妙与复杂，其实，这个题目一点也不难解。是这两位老人，含辛茹苦把你心爱的男人养大成人，送到你的面前，陪你开启人生的精彩征程。可以说，父母、公婆都是我们人生中的贵人，无论多么年迈，他们都会像满怀激情的老战士，随时准备好，在你奔忙到顾此失彼的时候，挺身而出，并且以此为傲。怀着一份感恩之心去照顾他们、关爱他们、孝顺他们，处理生活中因为两代人的观念和习惯不同造成的琐碎矛盾，也就不是什么难事了。

著名节目主持人杨澜的生活也许能给我们一些启示。作为妈妈，在家的时候，杨澜多数时间陪在孩子身边，和孩子们在一起的时候，与他们一同玩拼图、打闹，给他们讲故事，一起看电影，认真地倾听孩子述说每一件事情，和他们分享感受；出门在外，也常打电话回去。作为妻子，在家的时候，她总会亲自烧几个好菜，陪丈夫聊天看书。对丈夫的尊重和呵护充满了感激。"在一起做事，我们俩的个性都很强，争执在所难免，但是这种工作中的争执是不会真正影响夫妻感情的。"作为一个著名传媒人，工作中的杨澜是一个女强人的形象，策划了电视节目《天下女人》、电子杂志《澜》等，快乐地工作是她的原则与动力。作为一个媳妇和女儿，杨澜放心地将孩子托给爸爸妈妈、公公婆婆照看，成为与他们之间联系感情的桥梁。

国企女职工们里里外外双奉献，忙碌在各种角色的不断转换之中，就是想看看自己到底能飞多高，做个好员工、好的管理者、甚至是一个好的领导者，这还不够，还想做一个好母亲、好妻子、好媳妇、好女儿。心态是女人常葆青春的一个重要因素，因为那份自信与昂扬向上飞的姿态，虽然日子在里里外外的奔忙中，我们却会因为这份忙碌而快乐，因为快乐，所以年轻。如果我们每一个职业女性，都能以这种良好的心态对待生活，把自己的角色扮好，那我们就会把生活的每一抹色彩调染得美丽鲜艳！生活亦会把"事业成功""家庭幸福"的花环授于我们头上，给我们一世馨香！

第三节　与配偶共筑正确的家庭观

一个家庭从无到有、从小到大的过程，必须依靠夫妻的共同经营。这种经营不仅是指物质上的，更多的还要强调精神上的，培养共同的兴趣、爱好，营造良好的家庭氛围，构筑正确的家庭世界观、人生观、价值观。

世界观、人生观和价值观，是人们思想的总开关。世界观、人生观、价值观是否正确，是否科学，决定着一个人的人生追求和人生道路，决定着一个人的思想境界、道德情操和行为准则。一个家庭的"三观"决定了这个家庭的精神品质和幸福美满，决定了这个家庭的每个成员的人生追求和人生道路。

什么是正确的世界观、人生观、价值观？世界观是人们对世界各种现象和事物总的看法，也是人类在改造世界的实践中形成的对包括自然界、社会和人类思维在内的整个世界的总的根本的看法和观点。人生观是世界观在人生领域的一种延伸、一种体现，是世界观的重要组成部分，是由世界观决定的，是世界观在人生问题上的体现。人生观的基本内容包括人生目的，即为什么活着，或者说，活着是为什么；其次是人生态度，比如说，是积极态度还是消极态度，是及时行乐还是努力奉献；以及对人生的评价。我们通常讲的幸福观、苦乐观、荣辱观、生死观等等都是人生观的更为具体层次的展开。价值观是人们对事物有无价值和价值大小的一种认识和评价标准，它是人生观的集中体现。价值观在某种程度上反映了人生观，也反映了世界观，直接制约着人们的思想和行为。用正确的人生观指导的人生，才会得到真正的幸福。

那么，女性在一个家庭中建立正确的世界观，使每个家庭成员能够构筑幸福人生，从而让一个家庭美满幸福起到怎样的作用呢？我们古代《诗经·周南·桃夭》中有一首祝贺女子出嫁的轻快活泼的短诗，很隽永，非常审美地描述了女性对于家庭的作用。"桃之夭夭，灼灼其华。之子于归，宜其室家。桃之夭夭，有蕡其实。之子于归，宜其家室。桃之夭夭，其叶蓁蓁。之子于归，宜其家人。"一个女人的作用对于一个家庭来说多么重要！在中华民族悠久的历史中，女性身为妻子、母亲、女儿，作为家庭亲情、家风传承的纽带，在引领其他家庭成员传承尊老爱幼、勤俭治家、诚实为人、宽厚处事、崇学尊礼、善良宽容等等传统美德中，起着积极而重要的作用。正如17世纪德国著名教育家福禄贝尔在强调母亲的作用时所说："国民的命运，与其说是握在掌权者的手中，倒不如说握在母亲手中，因此，我们必须启发母亲——人类的教育者。"从发展心理学和儿童心理学的角度看，女性，尤其是一个家庭中母亲的人格，对孩子的人格形成有非常大的影响力。正如我国著名文学家郭沫若所说："要有好的母亲，才有好的子女，要有好的子女，才有好的国家。"

国企女职工们在与家人共同构筑正确的家庭世界观的旅程中，最亲密的搭档就是自己的配偶。一位心理学家说过：婚姻关系是人类所有关系中最为亲密和最为紧密的关系。婚姻让两个性别、家庭背景、性格、兴趣、成长经历等等都不同的人走到一个屋檐下，成为一家人，起初两人在世界观、人生观、价值观上存在一些差异是很正常的。让"家"成为共同学习、共同成长的"学校"，共勉和并进是婚姻的理想状态。

让我们来看看美国麻省理工学院中国总面试官、家庭教育专家蒋佩蓉女士与先生之间的婚姻故事。相识于大学的两人，起初觉得彼此就像白天和黑夜一样的不同，对很多事情的看法都截然不同，婚姻的一开始也面临很多矛盾。他们通过共同进修世界历史课，共同参加一个个服务社会、服务弱势群体的项目，体察到彼此共同的人生信仰与方向。他们决定共同努力让婚姻幸福美满，尝试建立共同的核心价值观。共同经营家庭与事业的过程中，总有"针尖对麦芒"的时候，他们尊重彼此的差异，并让这些差异产生互补的效果，这让他们更加尊重和欣赏彼此。他们共同选择了过一种对他人对社会有意义的、有使命的人生。这种生活远离对财富、名利和虚荣的追求，充满了信念、冒险和意志力的追求，这种生活让他们倍感幸福。蒋佩蓉女士的先生评价自己的太太："她是这个世界上最适合我的伴侣，最亲密的朋友。因为有她的相伴，我才能经历如此奇妙的人生。"在对三个孩子的养育上，他们认为夫妻才是家庭的中心，而不是孩子，指导他们夫妻教育方式的不是随着社会流行做法而飘忽不定的各种"焦虑"教育选择，他们仍然跟随自己的价值观，用自己的实际行动来正面引领孩子，并将家庭营造成一个学习组织，让乐于助人、感恩、健康、善良、坚强、责任感、正直、乐观成为家庭的核心价值观。他们用自己丰盈的人生作为榜样，孩子们效仿父母的为人处事和心态品格，三个孩子思想独立、阳光健康。

家是最小国，国是千万家。中华民族自古就有"家和万事兴"之说，只有夯实了家庭道德文明的土壤，社会的道德文明大厦才能牢固。当下是一个信息量大，物质财富不断增长的时代，不少国企女职工的自身或是配偶、家人，通过勤奋努力的工作，在单位处于关键岗位的管理者，甚至是领导者，这时，家人间相互教育、相互影响、相互激励、相互监督，共同营造清正廉洁的家庭环境，显得尤为重要，这与家庭的幸福生活息息相关。中国古代就有不少母劝子廉、妻劝夫廉的典故。其中一个故事说，东关临池司马孟宗在外做渔官时，因妻子爱吃鱼，就把腌鱼送给妻子。妻子却将鱼如数退回，并对他说："你做渔官，却把腌鱼寄给我，别人如何看呢？"为此，她三年不吃鱼，司马孟宗从此也恪守清廉。清正廉洁这个话题，古代和现代，内容、表现形式不同，但实质相同。只有时刻借鉴孟宗夫人恪守清廉这些典故，我们的配偶、子女、父母等家庭成员才能树立正确的价值观，避免被糖衣炮弹击中，被人利用，毁了家庭、害了自己，造成难以挽回的终身遗憾。家庭是社会的细胞，是国家的基石。只有每个家庭都有着奉献社会、正直清廉的家风，才能形成风清气正、昂扬向上的社会风气。

我们的国家正处在各项事业蓬勃发展的时期，是选择个人的极端享乐主义，盲目追求物质生活丰富，却让精神世界迷失的生活状态；还是选择一种把家庭建立在奉献社会的价值观和使命感基础上，过一种对他人、对社会有意义的生活，体味人生的价值与幸福呢？

第四节　赢得尊重并不等于妥协

由于历史上长期男女不平等的社会制度和社会文化，女性处于依附、懦弱、妥协的生存状态下，制约着女性对社会的贡献，也阻碍了女性社会地位的提高。如今，走出了家门的职业女性接受着新的挑战和考验，各行各业仍然存在认为女性在工作能力上比男同事们弱的观点，这其中有一种隐性的不公平因素：女性一方面要在工作上很出色，另一方面又要承担一系列的家庭角色，压力可想而知。女性要在工作、家庭乃至社会上赢得与男同胞同等的尊重，往往要比男同胞们付出更多。最典型的时期就是结婚生子的过程，休产假需要一年半载，在此期间，很可能信息或技术发生迭代，成为阻挡国企女职工们业务成长的障碍。还有下岗女工的再就业难、渠道狭窄问题、单亲母亲的再婚、子女教育问题、女大学生分配难的问题，二孩妈妈的生活与工作烦恼等等。解决这些问题，除了社会要给女性创造一个平等的发展机会，另一个很重要的方面，是女性自身的奋起——克服自卑心理，唤起自我意识的觉醒，充分发掘自身的优势和潜能；克服依附心理，坚持自我价值的实现；克服弱者心理，提升自信心，在激烈的竞争中积极进取；正确评估自我价值，使自己逐步形成符合时代要求的健康的心理品格，勇敢担负起自己的社会职责，从而赢得社会的尊重。

谈到赢得尊重这个话题，我们不得不忆起两次有着里程碑意义的会议。1983年9月，在中国妇女第五次全国代表大会上，康克清在题为《奋发自强，开创妇女运动新局面》的工作报告中第一次提出"自尊、自爱、自重、自强"。1988年9月，在中国妇女第六次全国代表大会上，庄严的人民大会堂悬挂起两条醒目的标语："投身改革，团结奋进，同全国人民一道共闯难关，自尊、自信、自立、自强，做新时代的新女性。"这次大会对"自尊""自信""自立""自强"的内容进行了系统阐述：自尊，就是尊重自己的人格，维护自己的尊严，反对自轻自贱；自信，就是相信自己的力量，坚定自己的信念，反对妄自菲薄；自立，就是树立独立意识，体现自己的社会价值，反对依附顺从；自强，就是顽强拼搏，奋发进取，反对自卑自弱。"四自"精神的提出，倡导中国女性树立自我发展的独立的群体意识，培养健全的心理素质，成为经济建设和社会发展中一支举足轻重的力量。

几千年封建社会遗留给我国妇女的某些心理弱势，仍然是部分女性自主意识觉醒和创造精神发扬的主要障碍。随着社会经济发展和时代变革，新时期的中国女性自我意识慢慢觉醒，她们已然明白依附、懦弱、妥协无法赢得应有的尊重；她们明白要为自己走一条自尊、自信、自立、自强，从而赢得尊重的道路。

国企女职工们在赢得社会尊重这条道路上不停前行的过程中，"女性是否应该回归家庭"，一直是社会争论的话题。这里面争论的核心，仍然是女性在家庭与事业之间的选择。怎么选择才是对的？我们不用过于偏颇地认为只有选择了事业的女性才能获得尊重，也不用片面地认为回归了家庭的女性就意味着女性的地位的下降和观念的倒退。每个人的情况不一样，答案也不一样。选择的结果并无对错，只有后悔和不后悔之分，选择的标准只有一个——应该听从自己内心的声音。女性是否应该回归家庭，这并不是一个应该由男人来决定的选择，女性不必妥协于"男主女从"的传统家庭观念和性别秩序，也不必妥协于各种纷纷议论。作为这场讨论的对象和主角，女性必须充分地表现自己的主体性和话语权，女性应该有自己是否"愿意"回归家庭的选择权。男女平等不是男性给予女性的平等，而是每一个女性自己想要的平等。尊重自己是赢得尊重的前提，这其中就包含了尊重自己内心的选择。尤其当你有一个理想支撑的时候，不要被周围嘈杂的声音所影响，不要被手中既得的利益所限制，不要被现实的困难阻挡，一定不要放弃自己内心真正想要追求的东西，清楚自己所追求的，并坚持下去。

尊重，谁能给予？赢得尊重只在自己手上，是自己给予自己的。职场之中，女性往往会成为"被爱护"的角色，在接受别人善意照顾的同时，如果放任自己追求安逸，久而久之，便会形成自我要求不高，角色定位出现偏差。自尊独立的美，是新女性身上最耀眼的华服，她们看重的是自己拥有什么，而不是向别人索取什么，她们知道，依赖别人不如亲掌命运，怨天尤人不如努力打拼。新女性对自己职业的尊重，就像鸟儿爱惜自己的羽毛一样，她们不向现实的困难妥协，始终保持一颗好奇心和永不放弃的创造精神，养成一种不可动摇的坚强性格，发挥独立思考和敏锐判断的能力，用自己的努力和敬业精神去赢得社会地位和在人们心中的位置，以自尊去赢得别人的尊敬。社会总是会对那些有梦想、有追求，甘于奉献和乐于付出的人肃然起敬。

只有懂得自尊的人，才懂得尊重别人。"爱人者，人恒爱之；敬人者，人恒敬之"，懂得尊重别人，也才会赢得别人更深层次的尊重。自尊不是自大，自尊是要活出自我来，不能没有骨气，不能没有自己的主见，不能无底线妥协。但这绝不是狂妄自大，不能把自尊与自大混为一谈。自尊的人，受人尊重，自大的人，被人鄙夷。

一个人的成长过程是连续性的，每个人自觉不自觉地都在学习和成长。优秀的职场女性总会在工作与生活中通过各种经验学会如何表达自己，如何和他人交流，学会如何持续不断地、自始至终地完善自己。她们不会摆出一副百毒不侵的女强人面孔，脸上写满生活、工作节奏的紧张和忙碌，让周围的人敬而远之；她们总是装扮得体，举止优雅，说话声音亲切好听，浅浅的微笑淡定真诚，她们的气质令周围的人为之动容，让身边的人在仰慕的同时又有些敬畏。这种由内而外散发的令人尊敬的气质，往往来自丰富的见识。那是一种精致的生活状态，是一种生活的品位和格调，是一种坦然心境，更是一种从容和对自我的控制力。

放眼今天，女性的价值取向日趋多元化，思维方式日趋开放，女性的优势、魅力日益彰显，我们的社会正悄然步入"她时代"。女科学家屠呦呦用她毕生的钻研获得诺贝尔奖，中国女排时隔 12 年重登奥运之巅，女航天员刘洋勇敢进驻浩瀚太空，年轻的博导颜宁被誉为"学术女神"……各行各业的女性充分地发挥"她智慧""她力量"，树立新观念，学习新知识，掌握新技能，创造新业绩，用她们的努力和实力赢得尊重。在这种时代的召唤下，让我们绽放自己的光彩，也成为园中那一株散发芬芳的玫瑰！

第八章

重塑现代国企女工的新形象

　　随着社会的日益文明和进步，近年来，女性作为一个有着丰富个性及差异的多样化群体，越来越受到大家的关注。无论是扮演传统家庭的角色，还是走向社会勇敢地顶起半边天，女性的角色意识和性别意识在其融入社会的历史进程中，均起到了不可或缺的作用。随着国企改革的日趋急迫，国企女工也越来越受到关注。无论是早期的"男女平等"，还是当下的"巾帼不让须眉"，都体现了女性在社会发展、工作生活中的作用和地位的日益突显。

第一节　思想前卫新潮

当代女性从封闭的家庭环境走入开放的社会领域，在各行各业中都有机会与男人并驾齐驱平分秋色，甚至独占鳌头，成为世界不可或缺的美丽风景线。她们不仅在生活工作中占据一席之地，思想意识也越发的前卫新潮，在很多时候，女性甚至比男性更加注重张扬个性，追求自我，更加独立、自信与坚强。就性别身份和性别意识而言，女性以其对待事物独特的敏锐与细腻，在工作生活中越发的游刃有余，也越来越能够接受新鲜事物。女性独立意识的觉醒，促使女性不再单纯地相信"干得好不如嫁得好"的观念。

正如费斯克所言："思想的自由就是最高的独立。"现代女性受当下各种网络媒体及前卫思潮的影响，不仅在经济上获得了独立，最重要的是在思想上打破了传统的桎梏。不仅能够更快地融入社会，吸收社会上的先进思想潮流，同时受到西方女性独立自主意识的影响，女性不再是男性的依附品，而有了自己的主见，完全能够主宰并自由选择自己的生活方式，组建自己的家庭，并能够不为家庭所累，依然可以在家庭及职场中左右逢源，展现女性独特的魅力。

但女性作为女性的本来意义，也是不容忽视的。法国作家西蒙娜•德•波伏娃的作品《第二性》于1949年在法国出版时，曾引起社会的强烈反响。这既是展现女性自我觉醒意义的一本著作，也是体现女性之所以自称为"第二性"的一种无奈与现实。波伏娃提出了"女人不是生下来就是女人，而是后来才变成女人"的著名观点。对这句话的进一步解释就是，女人作为妻子和母亲的命运，是男性硬安在她们头上，用来限制她们的自由的。生理性因素导致女人缺乏稳定性和控制力，以致她们对世界的把握能力比较有限。而这个所谓的生物学弱点是按照男性的价值观呈现的，如果不是男性想驾驭世界，那么"把握能力"的概念就毫无意义。因此也就有了波伏娃写作本书的任务——发现女性为什么会成为弱于男性的

"第二性"。

由此，也就不难发现，随着企业改革步伐的加快，经济形势的瞬息万变，受传统观念、女性自身素质及企业性质对女性约束的影响，国企女工并没有完全意识到新时期自己在企业中应该担负的责任和重要性，致使女性在工作理念上还较保守，很难发挥女工在国企中的"半边天"作用。基于此，女工必须加速成长的步伐，加快接受新理念、新事物的本领技能，转变思想，审时度势，迎难而上，迅速调整自己的人生观、价值观，重新认识与适应新的角色定位，自尊、自信、自立、自强，树立大局观，增强使命感，掌握新市场经济状态下的国企形态，关心企业的发展，同企业同呼吸、共命运，激发女工的紧迫感和使命感。不断学习，积极进步，不断提升运用新知识参与竞争的能力和个人的职业道德修养。

作为新中国第一位女火车司机，田桂英无疑是思想前卫新潮的典范。田桂英出生在大连一个渔民家庭，1948 年加入中国共产党。"解放那年，我在大连铁路机务段食堂卖饭票，听说要招收一批女火车司机，就立即报了名。"要成为火车司机并不容易，尤其是重体力劳动对妇女身体条件要求高。田桂英清楚地记得，她是从 1949 年 6 月 18 日开始练习投炭的。当时的火车全是蒸汽机车，靠烧煤运行。"10 多斤重的平板锹，15 分钟要送 280 锹，相当于每 3 秒一锹煤。"田桂英说，一个小时下来就腰酸背疼，当天练完就累得直不起腰来。经过种种严格训练，1950 年 2 月，田桂英和姐妹们终于通过苏联专家的考试。1 个月后，是新中国的第一个"三八"妇女节，她们九人被铁道部命名为"三八"女子机车包乘组，田桂英则成为新中国第一位女火车司机。

如果说田桂英提供的是单个个案，那么作为世界体坛不断创造奇迹的一支劲旅，中国女排则以集体的形式诠释了什么叫迎难而上、勇攀高峰的奋斗精神。从 20 世纪 80 年代的"五连冠"到如今再度夺取奥运冠军，35 年来，中国女排团结奋进、勇于拼搏、永不放弃，不断用行动诠释和丰富着中华民族精神和伟大时代精神结合而成的女排精神。多年来，尽管女排队员换了一批又一批，但女排精神一直在激励着这支队伍成长成熟，向新的胜利目标奋进。女排精神曾是时代的主旋律，是中华民族精神的象征，影响了几代人积极投身到改革开放和社会主义现代化建设的伟大事业当中。女排精神不仅成了中国体育的一面旗帜，更成为整个民族锐意进取、昂首前进的精神动力。在 21 世纪的今天，女排精神仍具有巨大的现实意义和时代价值。

无私奉献的牺牲精神。没有私心杂念、敢于牺牲的人，才能做到宠辱不惊，在各种困难挑战面前最大限度地发挥潜能，集中精力迎难而上、勇闯难关。在 2016 年奥运会上，中国女排之所以能够实现大逆转，就是因为她们战胜了执着于冠军的杂念。尤其是主教练郎平，之所以能够面对巨大压力和空前"险境"，指挥若定，就是因为有不计得失敢于拼搏的无私心境！在实现民族复兴的征程上，我们每一个人都应该培养这种为实现国家、民族利益无私奉献的精神境界。

团结协作的团队精神。2014 年 3 月，当年的铁榔头、现如今的主教头郎平曾在文章中写道："在我的字典里，'女排精神'包含着很多层意思。其中特别重要的一点，就是团队精神。女排当年是从低谷处向上攀登，没有多少值得借鉴的经验，但是在困难的时候，大家总能够团结在一起，心往一块想、劲往一处使。"执教中国女排，郎平用上了团队协作的法宝：将国际化、专业化的团队合作转化为"大国家队"训练模式；征战里约奥运，郎平仍然巧妙运用团队协作的法宝：用老队员稳军心，用新队员打拼杀，12 名队员轮番上场，人人都是主力。女排背后的大团队也形成了支持女排的强大正能量，各种专业人才形成了托举女排高峰的巍巍高原。推进民族复兴，我们更要万众一心，人尽其力，凝聚攻坚克难、团结奋进的强大力量！

艰苦创业的奋斗精神。中国女排的发展史，就是一部艰苦创业史。从白手起家到铸就辉煌，靠的是艰苦创业；从低谷再到巅峰，靠的仍然是艰苦创业。在国家经济基础薄弱、物资匮乏的年代，她们利用最为简陋的条件开展"魔鬼训练"，即使摔得遍体鳞伤也含泪坚持。远赴里约征战，主办方提供的训练场地和时间条件不能满足中国队需要，她们就自己联系了位于贫民窟附近的场地加练……主教练郎平，在屡获世界冠军后不愿躺在功劳簿上享受。这样的艰苦创业精神，在推进民族复兴伟业的新长征中永不过时！

自强不息的拼搏精神。2014 年 2 月 7 日，习近平总书记在看望参加第 22 届冬奥会的中国运动员代表时深刻指出："重大赛事最令人感动的未必是夺金牌，而是体现奥运精神。这正是中国人讲的自强不息。"30 多年来，中国女排前进的道路上有辉煌也有挫折，但不论在什么情况下，中国女排一直顽强拼搏，永不言弃。处顺境就自强不息增创更大优势，处逆境则自强不息化劣势为优势，从不怨天尤人，始终以顽强拼搏精神带给人们感动与鼓舞。即使是面对最强大的对手，她们也毫无惧色，一球一球拼、一分一分顶，直到比赛的最后一刻！在推进中华民族复兴的伟大征程中，我们尤其需要弘扬这种自强不息的拼搏精神，也只有这能保证我们在推进人类文明进步的历史接力赛中做出新的更大贡献！

在新形势下，国企女工工作者不但要发扬田桂英敢破敢立的精神，同时也要立足于中国女性这种敢打敢拼、不畏艰难、勇攀高峰的思想特点，切实对症做好女工的各项工作。我们不仅要认真贯彻落实法律法规要求，利用座谈、网络、知识竞赛等多种形式进行广泛宣传，让广大女工了解各种法律、法规的具体内容，知道自己享有的权利范围和行使权利的途径；更要通过各种丰富的活动，唤起广大女工的法律意识和"自我维权"的观念，提高广大女工自我维权意识和维权能力，从而增强女工的参政意识。

第二节　形象庄重大方

女性在工作中追求进取进步，并不意味着就一定要以牺牲自身的性别意识为代价。换句话说，女性在职场中有着出众的表现，同样也可以把自己打扮成一道靓丽的风景，二者并不矛盾。俗话说：人靠衣裳马靠鞍。在现代职场中，其实无论男性和女性，都应该注重自己的职场形象。因为作为职场的一员，自身的形象有时代表的就是企业单位的形象，或者说企业单位的形象很大程度上就是通过企业员工的形象来得以表征的。对职场女性来说，员工形象更是有着双重的意义，这即是说，女性的自我形象塑造不仅事关自身的角色身份，更是与企业单位形象有着千丝万缕的隐秘联系。良好的外在形象不仅能给人一种美的视觉享受，而且可以大大提升自身的综合素质。"上得厅堂，下得厨房，吃得了路边摊，也进得了高档饭堂。"这已不是对女性的特别苛刻的要求，而是一种生活常态的真实写照。

有人说，在我们的女职工中存在着两种极端现象：一种是"武装到牙齿"，一种是不修边幅。"武装到牙齿"的，外在都会精心美化，对时尚有一定的认知，但打扮过度在某种意义上说也是过犹不及。而不修边幅的主要体现在穿衣打扮不分场合，不分时间，胡乱穿衣，这给人一种比较随便的散漫印象。就此而言，作为工会女工组织，如何在社会主义市场经济条件下实施女职工教育职能，然后引导女职工转变旧的观念，适应新形势，做到自尊、自信、自立、自强，全面提高自身质素，在激烈的社会竞争中立于不败之地，是我们女工工作者的重要任务。

出生在巍巍衡山、浩渺洞庭之畔的全国"三八红旗手"孙祁祥，就是一位美丽优雅的女强人、女能人。和这片山明水秀的土地一样，所有见过孙祁祥的人都不会吝惜溢美之词：美丽、优雅、独立、担当……上过山、下过乡，当过知青、干过话务，北大经济学院百年历史上的首位女院长，国际保险界最高领奖台上的"湘妹子"，如同清水芙蓉一般，卓然而独立，在秋风万里中书写着人生的绚丽篇章。经过 20 多年的辛勤耕耘，孙祁祥已成为国内风险管理与保险学界公认的学术带头人。由她和中国保监会政研室负责人共同主持的《中国保险业"十五"发展规划》成为指导中国保险业 2001－2005 年发展的重要文件。由她任首任主任的北大保险学专业先后被批准成为国家级"质量工程"的"特色专业"以及北京市级"质量工程"的"特色专业"。由她牵头设立的北京大学中国保险与社会保障研究中心（CCISSR）连续三届蝉联"北京大学优秀科研中心"称号，成为国内外政、产、学、研交流的重要平台。由她撰写的《保险学》先后获得"教育部推荐教材""北京市精品教材"、普通高等教育"十五""十一五""十二五"国家级规划教材，一版再版，被国内数十所高等院校的保险金融专业选作指定或推荐教材。她是迄今为止唯一一位连续十多年担任国际保险学会（IIS）学术主持人的亚洲人，是第一位应邀在美国风险与保险学会（ARIA）年会上（1996 年）宣读学术论文的中国大陆学者，是第一位作为人物介绍出现在"美国风险与保险学会"会刊上的亚洲人。外国同行评价她"具有将中国保险教育和西方保险教育完美结合的非凡能力"。她还是亚太风险与保险学会（APRIA）的前任主席，经常受邀去国外的大学、研究机构和学术团体进行讲学和交流，其学术足迹遍布世界各地，为推动中国风险管理与保险学界的对外学术交流起到了探路人和领路人的作用。2014年6月，孙祁祥因其杰出的学术成就及对保险业的贡献，荣膺国际保险界最高奖——"约翰·毕克利奖"，成为自该奖1972年设立以来首位获此殊荣的中国学者和女性获奖人。兼具女性优雅和知性美的孙祁祥，很好地诠释了新时代女性的崭新魅力。

女人的美分两种：外在美和内在美。内外兼美方为真美。全国"三八红旗手"王淑芳，某种意义上就是这样一个典型。王淑芳一路走来，就像拧紧的发条，马不停蹄奔向一个又一个目标；对认准的事持之以恒，答应别人的事一定做到。她说得最多的一句话是，不管别人怎么样，先把自己分内工作做好。22年的职业生涯，并没给她的性格带来多大改变，她好像还是那个毕业就入伍的新兵，谦逊努力，砥砺前行。在同事徐光明眼里，王淑芳不像是个领导，早晨排队帮大家买豆浆油条，中午买水果与大家一起边吃边聊，下班后还会开车捎同事去地铁站。"虽然她是部门领导，但更像个大姐，我们都叫她王姐。"同事说王淑芳是个"矛盾体"。第一眼看去瘦弱斯文，接触多了，就能感受到她身上干练、爽快以及东北姑娘那种风风火火的劲头。在工作中，她是"拼命三郎"。 2015年年底，黑龙江12328电话系统刚刚开通，就赶上了暴雪，省内多条高速公路出现拥堵或封路，咨询电话蜂拥进来，电话线路一度瘫痪。王淑芳带领团队抢修好线路后，仍担心电话打不进来，就半夜拿自己的电话一遍遍地试拨，直到凌晨电话拨通后才放下心来。王淑芳说："每到一个新岗位，总要问自己为什么要做这份工作，意义在哪。每做一个新项目，总想知道成效是否让人满意。既然承担了部里更贴近民生实事的项目，就要做得实实在在，让老百姓真正受益，这不仅是工作职责，也是一个党员的责任。" 尽管管理严格，但同事们没有怨言，同事介绍说："每天起床后打开微信，经常能在部门微信群里看到王淑芳凌晨三四点发的信息，有这么敬业的领导，我们还有什么话说？而且，这种管理模式也培养了我们做事有始有终的习惯。在王淑芳的影响下，部门的同事成长迅速，很多刚入职的同事，两三年就能成长为项目经理，独当一面。""在王淑芳身上，我看到的是坚忍和执着，对工作追求卓越的精神。"通信信息中心第一党支部的同事说,每个人都可以将看似平凡的工作做得不平凡,工程师多调试一次系统,就可能避免服务器崩溃;施工人员多拧几下螺丝,就可以避免一次事故,王淑芳用实际行动诠释了什么是党员的爱国敬业精神,也形象地解释了何谓内外兼美的女性大美精神。

从这个意义上说,我们一方面既要丰富女工业余文化生活,陶冶女工情操;也要通过活动,使女工身体得到锻炼,凝聚力得到增强。在日常女工工作中,要根据实际情况的发展变化,不断积极探索女工工作的新思维、新方法,更新观念,引导女工重视自身的形象,提高女工的综合素质,维护女工切身权益。只有这样,才能做好女工工作,才能创造良好和谐的工作环境,才能真正调动起女工的积极性,从而推动企业又快又好发展。

第三节　技能创新一流

随着国企的市场经济化,国企建设成为重点,国企中女工队伍的建设也是国企建设的重要内容,提升女工的职业技能是首要解决的问题。提高女职工队伍的整体素质,既是女职工自身的需要,也是企业的需要,更是转型跨越发展的需要。随着转型跨越发展形势的推进,对女职工的素质要求越来越高。因此,对国企女工来说,既要注重外在形象,更要苦练内功,提高自己的综合素质。

从这个意义上说,国企应结合实际,对不同岗位上的女工分类培训,因材施教,培养女工的职业道德修养、使命感、荣誉感,并制定长期的培训规划,循序渐进。培训过程要注重实践应用,避免形式化,使女工的职业技能得到快速提高。以"女职工建功立业工程"和"女职工素质提升工程"等为载体,教育女职工强化"四自"精神,做企业转型跨越发展的积极推动者;引导女职工树立终身学习和竞争的观念,增强不进则退的危机意识和参与竞争的心理准备;动员和组织广大女职工实现从技能单一型向知识型、竞争型、创新型的转变。

大力弘扬国企工匠精神,彰显社会主义核心价值观,是我们这个时代的主旋律，体现了以爱国主义为核心的民族精神和以改革创新为核心的时代精神。一直以来，一代又一代各条战线的巾帼英雄灿若星辰，层出不穷！无论是什么职业、干什么工种，她们都有一个共同点，那就是干一行、爱一行、钻一行、专一行，专业技能和道德精神成为当世和后人的榜样。

作为中国20世纪50年代纺织行业的代表，全国著名劳动模范赵梦桃，是纺织战线的一面红旗，更是干一行、爱一行、钻一行、专一行的典型。1952年5月，西北国棉一厂正式开工，赵梦桃当上了细纱挡车工。"好好地干！下苦干！老实干"成了她的口头禅。别人一个巡回3至5分钟，她只用2分50秒，连上厕所都是小跑。在学习"郝建秀工作法"的毕业典礼上，她获得了第一名，被选为工会小组长、先进生产者。1953年8月，她出席了全国纺织系统劳模大会。同年9月，赵梦桃加入了中国共产党。她为了帮助姐妹们共同完成生产任务，曾十多次将使用顺手的好车主动让给别人，自己克服困难开陈旧的"老虎车"，并年年超额完成生产任务。1956年9月，赵梦桃被选为中国共产党第八次全国代表大会代表。不让一个姐妹掉队，不让周围有一个小组掉队。从1952年起，她创造了连续7年月月全面完成生产计划的先进纪录，并帮助13名工人成为工厂和车间的先进生产者。赵梦桃倡导和表现出来的"高标准、严要求、行动快、工作实、抢困难、送方便"和"不让一个伙伴掉队"的思想品德，被陕西省概括为"梦桃精神"。她领导的小组被评为全国先进集体，赵梦桃本人也被评为全国劳动模范。1962年，西北国棉一厂为了提高棉布质量，要求细纱工序减少条干不匀的现象，以便消灭布面上的粗细节疵点。赵梦桃为此刻苦钻研技术，在吸取其他纺织能手经验的基础上，摸索出了一套科学的巡回清洁检查操作法。按这种操作法，细纱车的清洁可得100分，断头减少三分之二，粗细节坏纱比过去减少百分之七十左右，大大充实了"郝建秀工作法"的内容，对提高棉纱条干均匀度和棉布的质量起了重要作用。我们看到，现如今越来越多的赵梦桃正站了出来，诠释了新时代中国女工的崭新风貌。

广大国企女工爱岗敬业、勇于创新，淡泊名利、甘于奉献，通过辛勤劳动、诚实劳动、创造性劳动实现女工自身的人生价值和工人阶级的远大理想。党的好女儿向秀丽，就是这方面的代表。向秀丽1952年被选为和平药厂的工会组织委员和基层工会女工委员。她在工会组织的帮助、鼓励下，提高了工作信心，在"五反"运动中积极参加斗争。"五反"后，不法资本家消极对待生产，工厂原料缺乏，工人生活受到威胁，开展工作有困难，向秀丽这时曾有过消极想法，但在党和工会组织的帮助下，她大胆地向群众揭发不法资本家的阴谋，同职工一起设法开展增产节约运动，使工厂生产恢复正常。1958 年 12 月 31 日，向秀丽和两个当班的同事当晚在工作的时候，一瓶无水酒精突然脱手往下滑，瓶身破裂，酒精倒泻一地，向四周流去，因受附近制药用的正在燃烧的 10 个煤炉热辐射，酒精迅速燃烧起来。如不及时救熄，将会引起不远处 60 多公斤易燃易爆的金属钠爆炸。一旦金属钠爆炸（浸在煤油里保存的金属钠只会剧烈燃烧但绝不会爆炸）将引起整个厂区及附近居民区的重大火灾。此时，向秀丽突然用自己的身躯扑向燃烧的酒精，"与烈火展开殊死搏斗"，最终避免了一场恶性爆炸事故的发生。而向秀丽被大火严重烧伤，烧伤面积达 67%，其中二、三度烧伤占 65%。她在医院休克了三天三夜，醒来后的第一句话就是问工厂的损失和同事们的安全情况。但最后仍然因伤势严重而牺牲，终年 25 岁。向秀丽牺牲后，《人民日报》《中国青年报》纷纷报道向秀丽的感人事迹。当时的中央首长和省、市领导林伯渠、董必武、陈毅、郭沫若和陶铸、朱光、王德、区梦觉等为向秀丽写诗题词。林伯渠在诗中写道："磊落光明向秀丽，扶危定倾争毫厘；一身正比泰山重，风格如斯世所师。"

在平凡的工作中，广大国企女工恪尽职守、执着专注，精益求精、争创一流，以工匠精神打磨"中国品牌"、助推产业转型升级。在与男职工的同场竞技中，广大女工刻苦学习、提升本领，勇于担当、务实上进，以女性自身特有的细致与敬业精神，展现新一时期的女性风采，打造新一代职业女性精神。

第四节　自如驾驭生活

随着女性社会地位及社会影响力的不断加大，女性在社会这个大舞台上所扮演的角色也日益丰富和多彩。从另外一个方面讲，随着社会的进步和日益多元，社会对女性的接纳程度也越来越高，在这样一种社会时代背景下，女性因其角色的多元，而成为生活中的多面手。

家庭与工作的关系，可能是现代女性绕不开的一个困惑与永久的话题。在国有企业里，大部分女性职工都已经组建家庭。女性在家庭中占有特殊的地位，扮演着重要的角色，作为家庭女主人，她们既要照顾好父母、配偶和孩子，还要正确地处理好工作与家人的关系，使家庭内部和谐温馨，又能够在工作中施展拳脚。两手抓，两手都要硬，从这个角度上说，女职工承担的责任确实比男职工要重。

女性虽然获得了一定程度上的独立自主，但传统观念中女性对于家庭的照顾又是理所当然的一种现实需要。男性可以将加班、出差作为赚钱养家的辛苦的凭证；而女性在工作中付出的时间比例过多，就会被认为是"工作狂""女汉子"，并不会换取同样的回馈。但工作环境的复杂、生活压力的加大，并没有因为是女性而特殊地开绿灯。所以，当今女性在社会中能够谋求一席之地，确实需要付出之于男性几倍的努力。同时，还要时刻宣扬自己对于家庭的奉献与照顾，不能塑造成一个为工作而工作的女狂人。这既是现代女性的困惑，也是现代女性的机遇。

但女性因其耐心细致的性格特点，不仅是调节家庭氛围的润滑剂，也在工作中扮演着"知心姐姐""开心大姐"的角色。所以有人说，一个队伍当中，没有女性，就会觉得冷清和安静。可见，女工在国有企业中的贡献，不仅是工作的完成量，还体现在队伍的融合与团队的凝聚力上。

全国劳模、三八红旗手李素丽某种意义上就是一个热情洋溢的"知心大姐"。李素丽是北京公交窗口行业的优秀代表，在公交平凡的工作中，始终把全心全意为人民服务作为自己的人生追求，时刻牢记自己是首都公交战线的一名普通员工，坚持岗位做奉献，真情为他人，以强烈的首都意识、服务意识和公交窗口意识，诠释着公交"一心为乘客，服务最光荣"的行业精神，赢得了广大乘客的尊重和爱戴。李素丽主动关心部室每一位员工的工作和生活情况，时刻掌握员工的思想动态，定期进行家访谈心，调动了员工的积极性，使大家进一步增强了政治意识、奥运意识、大局意识和服务意识。李素丽任北京交通服务热线中心主任后，以一名优秀党员的标准严格要求自己，率先垂范。特别是在北京奥运会及残奥会期间，以高度的责任感和使命感做好自己的本职工作。在做好本职工作的同时，带领部室人员，积极上路检查，发现问题及时处理，为保证奥运会、残奥会服务工作万无一失，她建立了各种例会制度，多次召开座谈会、服务讲评会、指标分析会，签订各岗位责任书。李素丽鼓励大家利用业余时间和上下班的路上，对车厢、站台进行安全服务检查，协助服务人员做好站台秩序维护和照顾残疾乘客上、下车，得到了乘客的好评。

身残志坚的张海迪，1970 年在她 15 岁的时候，跟着父母到农村生活。在农村，她处处为别人着想，为人民做事。她发现小学校没有音乐教师，就主动到学校教唱歌。她先后读完了《针灸学》《人体解剖学》《内科学》《实用儿科学》等医学书籍。学针灸时，为了体验针感，她在自己身上反复练习扎针。短短的几年，她居然成了当地一个年轻的"名医"，为群众无偿治疗达 1 万多人次。有一位耿大爷，他不能说话，并瘫痪了很多年，一直没有治好。张海迪一面在精神上鼓励耿大爷增强战胜疾病的信心，一面翻阅大量书籍，精心为耿大爷治疗。后来，耿大爷终于能说话了，也能走路了。1991 年张海迪在做过癌症手术后，继续以不屈的精神与命运抗争。她开始学习哲学专业研究生课程，经过不懈的努力她写出了论文《文化哲学视野里的残疾人问题》。1993 年，她在吉林大学哲学系通过了研究生课程考试，并通过了论文答辩，被授予硕士学位。张海迪以自身的勇气证实着生命的力量，正像她所说的："像所有矢志不渝的人一样，我把艰苦的探询本身当作真正的幸福。"她以克服自身障碍的精神为残疾人进入知识的海洋开拓了一条道路。

现代社会给女性提供了空间，女性也要抓住这个机遇，在各个舞台崭露头角。而国企女工，作为体制内的女性的一个群体的代表，她们既受过良好的教育，有着较高的思想素质和理论水平；同时也受传统理念影响颇深，具有东方女性持家与坚韧的基本素质。她们一方面将自己的生活处理得井井有条，另一方面在工作中又体现出了干练、内敛、大方的职业素养。这既是现代国企中的一道靓丽风景，也是中国新时代女性的一种精神展现！

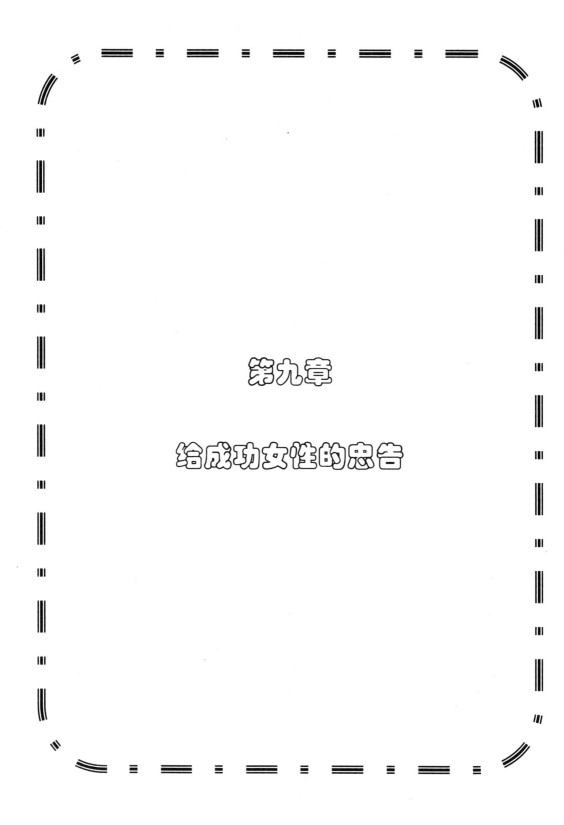

第九章

给成功女性的忠告

第一节 事业并不排斥家庭与爱情

从原始社会到现代社会，男性更多地传承了社会责任的角色，无论是远古时期的狩猎，还是现代职场上事业的打拼，所谓"内外有别"，男主外，女主内，女人负责貌美如花，男人负责赚钱养家。在中国的传统观念中，女性往往被排斥在社会生活之外，往往只有单一的家庭角色定位，在家中扮好贤妻、良母的角色，相夫教子。进入到现代社会，女性从家庭中解放出来，步入职场，那么，就同时进入了社会角色系统。现代女性需要在社会角色系统和家庭角色系统中不断地穿插交错，协调处理，一方面是对叱咤职场的向往，另一方面是对温软怀抱的依赖，爱情、家庭和事业的选择常常摆在女性的面前。要事业还是要家庭？鱼与熊掌能否兼得？家庭与事业怎样才能平衡？常常困惑着无数的女性。许多女性生活在多重矛盾之中，传统观念与现代规范、家庭角色与事业要求的诸多不一致使得担任多重角色的女性常常顾此失彼。

对于绝大多数女性而言，没有事业就没有自立的基石，没有经济上的独立就没有人格上的完全独立，就会失去在社会和家庭中的平等地位。没有养活自己能力的人，是谈不上什么自尊、平等的，所以，现代女性纷纷融入社会，寻找自己的位置，打拼自己的事业。做一名成功的职业女性，已是当代女性普遍的选择，她们中的佼佼者已成为企事业单位的领导者。有些女性把家庭视为自己生命中最重要的部分，并为家庭做着牺牲做着让步做着无私的奉献。很多事业上小有成就的女性结婚后就辞职做起了全职太太，在家庭经济允许的情况下，全职太太有更多的精力照顾、教育孩子，料理家务，减除丈夫的后顾之忧，让他更好地投入到自己的事业中去。但是，女性为了家庭为了所爱的男人或各种原因放弃自己的事业，一心一意在家里相夫教子，整天围着老公和孩子，时间久了，失去了独立的经济来源，和社会脱节，和丈夫的距离也可能越来越远。新时代新女性已经越来越独立、自主、自强，她们追求的是既要事业也要家庭的理想，既不愿为家庭所累而平庸一生，又不愿为了事业而家不成家，这是一个矛盾，一个女性必须解决的矛盾。怎样才能解决这些矛盾呢?正确处理家庭、爱情与事业的关系是解决这一矛盾的关键所在。

　　首先要在思想意识上改变女人不能事业和家庭兼顾的观念。有什么样的心态将决定我们有什么样的生活，对女性来说，工作、家庭中的很多矛盾是难以回避的，但心态不同，处理这些矛盾的结果就会大不相同。心态阳光的女性，会积极地处理问题；如果心态不阳光，则处理问题往往不理智，情绪容易激动不计后果。如何平衡家庭与工作之间的关系？胡可的答案是："在家里与孩子一起时，就做一心一意好好陪伴孩子的妈妈，在工作时，就全身心投入。"在工作和家庭两个不同环境中，一定要掌握好自己的心态，不要把工作中的情绪带到家里，也绝不能把家里的情绪带回工作中。有关调查证明，80%左右的女性在事业与家庭之间保持着较好的平衡，从这个数据上说，女性在事业天地上驰骋的同时，完全可以维持家庭的温馨，两者并不是完全对立的，处理得当，鱼和熊掌是完全可以兼得的。事业与家庭之间不是竞争关系而是互补的关系，不能把二者对立看待，事业是为了家庭，家庭是为了事业，二者相辅相成。因为家庭你可以不必一个人去面对事业，因为事业你的家庭可以更加稳固，做一个事业与家庭双赢的成功女性，才是当代职业女性的追求目标和成功之道。

　　其实，事业与家庭并不冲突，都是生活不可缺少的部分。家庭与爱情不应是事业的负担，而是取得事业成功的原动力。因为在共同理想和伟大事业的基础上产生的爱情，可以激发人们的创造精神和对事业的共同追求，更可以使相爱者的心灵更融洽，配合更默契，这样的爱情会化为一股神奇的力量。在科学道路奋斗不息的居里夫妇就是这样一对夫妻。这两位伟大的科学家彼此深深相爱，他们也热爱科学，追求科学，他们之间真挚的爱情和对科学的忠诚完美地融合在一起，才产生了科学之花——镭。南宋杰出女词人李清照和她的丈夫赵明诚也是这样一对志同道合的夫妻。他们二人意趣相投，都喜欢吟诗填词，都喜爱艺术，共同研究金石书画，两人的喜好都来自于一种文化，一种追求，这就使得他们的爱情获得了甜蜜之外的甜蜜，陶醉以外的陶醉。"有饭蔬衣练，穷遐方绝域，尽天下古文奇字之志"，成了一对在文化的海洋里比翼双飞的海燕。这样的婚姻结构，为李清照的文学创作拓开了一片沃野，同时在李清照的支持和帮助下，赵明诚也完成了一部极有价值、长达 30 卷的《金石录》，成为中国考古史上的著名人物。邓颖超和周恩来结为伉俪，在半个多世纪的漫长岁月里休戚与共、相亲相爱，两人坚定不移的革命信念和忠贞不渝的爱情至今仍传为佳话。常香玉与陈宪章结为夫妻后，陈宪章专心为常香玉的事业奔波，他为常香玉编写剧本，教常香玉识字看报。夫妻二人，在不断的演出中，广征博采，把各种戏曲艺术和豫剧的各种唱腔结合在一起，开创了豫剧唱腔改革之先河，形成了独树一帜的常派艺术。

　　女人不能没有自己的事业。懂得经营家庭的女人是幸福的，但拥有事业的女人是优秀的。事业让女人的生活更精彩。事业使女人有了一个家庭以外更加广阔的空间，在这个空间里，女人为实现自己的理想而尽情挥洒着辛勤的汗水，诠释着知识和智慧，女人变得坚强而勇敢，从容而自信，独特而张扬，拥有着自己的空间、自己的世界、自己的风采，女人在对事业的不懈追求中，在与男人的比翼齐飞中，人生变得精彩纷呈丰富无比。冯•德莱恩，从医学博士、妇产科医生，华丽变身女性政治家，成为默克尔的密友，能力非一般人能敌。她生了 7 个孩子，个个成绩优异，家庭、事业两不耽误，默克尔称赞她"把事业和家庭融合一体的能力尤为突出"。杨绛与钱钟书先生互为文学上的知己，真正地做到了灵魂上的契合。文学理论家夏志清曾这般赞叹过他们的婚姻："整个 20 世纪，中国文学界再没有一对像钱杨夫妇这样才华高而作品精、晚年同享声誉的夫妻了。"事业让女人更懂得爱和包容。游走职场的女人能深刻地体会到工作的艰辛和压力，体会到成功的不易和失败的无奈，事业中的女人在懂得善待自己的同时，更懂得理解他人，关爱他人，包容他人，这时的女人不再苛求男人去做"完人"，她理解了事业中男人坚强背后的脆弱，成功背后的烦恼，风光背后的孤独，失败背后的痛楚，因此她在看透一切的同时，更懂得理解一切，关爱一切，包容一切。

　　同时要知道，事业再成功，也只能带来片刻的荣耀和喜悦，却未必能换来一生的幸福，而真正的幸福只能源自家庭源自爱，对女人来说，无论官做得有多高，业创得有多大，总有绚烂归于平淡的时刻。判断一个女人强，不仅仅是看她事业的成功，更重要的是她的家庭生活。谢丽尔•桑德伯格，她是全球最成功的女性之一，被美国媒体誉为"硅谷最有影响力女人"，身居福布斯百强女性榜第5名，荣登《时代周刊》封面人物，并被《时代》杂志评为全球最具影响力的人物。目前，她已经成为千百万女性眼中集家庭与事业于一身的成功典范。她在《向前一步》中写道："平衡工作与生活。伴侣的支持非常重要。那种认为女性只有抛开家庭才能达到事业巅峰的说法其实并不成立。事实证明，绝大多数的成功女性都拥有一位相当支持自己事业的人生伴侣和幸福的家庭。" 女性只有勇敢地向前一步，才能发挥出自己的潜力，获得事业与家庭的双重平衡，享受成功的幸福人生。在职业女性抱怨工作与家庭难以两全、在投身职场或是做全职妈妈之间摇摆不定时，王芳作为一名国内一线情感节目最受欢迎的主持人、大型影视传媒公司老板，不仅事业越来越出色，而且是一个称职的好妈妈。她以好妈妈的智慧，独创了近百个教育女儿的实用方法，并利用零星时间将这些育儿锦囊写进书里，名为《最好的方法给孩子》。范徐丽泰女士1998年5月和2000年9月连续两届当选为香港特区立法会主席。一次，范徐丽泰在中山大学演讲，一女同学问，中国传统观念是男主外、女主内，当女的事业、成就超过男的时，往往会导致夫妻关系失衡甚至破裂，请问范徐主席你怎么看？范徐丽泰回答说，我和我先生结婚时，我们有个约定：到他家时，他给我泡茶端水；到我家，我给他端茶送水。在香港，友人请我们吃饭，如果他说请徐先生和徐太太，我是一定不去的；但如果他请的是范先生和范太太，那我就一定去。智慧女性从她的回答应该可以找到她事业成功家庭幸福的原因。2011年5月成立的国网金华供电公司巾帼创新工作室是一支全部由工作在基层一线的高学历高职称的女职工组成的技术型科技创新团队，它既有着"女汉子"巾帼不让须眉的气势，也有着女性特有温柔内质。这支全部由"娘子军"组成的团队在浓厚的创新学习氛围中，工作室结出累累硕果，获得多项国家专利及大奖，工作室的大部分成员皆已成家，除了在单位中出色地完成自己的工作外，在女儿、妻子、母亲的角色转换中，她们的生活也同样出彩。同时，她们更以女性特有的温柔、细腻，担负起更多的社会责任，向社会传递着正能量。有知识有智慧的女人除了投入全副精神打理好自己的事业，更是用满腔热忱经营好自己的家庭。在事业中，她充满自信，锐意进取，忘我投入，成绩斐然；在家里，她洗衣做饭、相夫教子，亦娇亦嗔，幸福无比。

作为现代女性，爱情、家庭与事业都要考虑，都要兼顾。没有事业的女性，是很难有家庭地位的。没有爱情滋润、没有家庭观念的女性，注定是不幸福的。女性要想平衡地对待事业和家庭，在"厅堂"与"厨房"之间寻找到适合自我的发展空间，一要做到有事业也要承担家庭责任。女性要学会在不同的场合，或是不同的阶段对特定的角色有所偏重，绝不能因为自己有足够的能力在事业上打造出自己的一块天空时，而忽略了自己所必须承担的另一半责任。有调查发现，25岁－40岁的女性普遍感到压力重，该年龄段的女性既要面对激烈的职场竞争，同时又要承担养育教育子女的职责，所以在精力方面顾及较多，甚至处于疲于奔命的状态。而大多女性追求完美，容易把很多事情都抓在手上，希望各方面都能优秀，但是实际上，由于各种条件的限制很难做到每一方面都百分之百的优秀，所以女性要学会放弃一些东西，选择那些你认为对自己最有价值的东西，同时也要学会在某一时间上面或者空间上面放弃另外一些东西。如果能合理安排自己的生活节奏，甚至可以暂时放弃一段时间的工作，多陪陪家人，给予他们关爱，适当平衡事业与家庭的关系也会有助于事业的发展。二要调整心态进入不同角色，女性无论在外面是多么重要的社会角色，在家庭中仍是普通的一员，有责任担负起家庭成员的义务。应该注意调整好自己的心态，努力使自己保持豁达、宽容之心，保持积极愉快的情绪。要善于把自己的痛苦和烦恼倾吐出来，把消极情绪释放出来，学会适应作为妻子和母亲的角色所应承担的责任。有智慧的职场女性会正确处理分配好自己的精力，在职场和家庭中，找到平衡点。

第二节 巾帼英雄并不等于"男人婆"

自古以来，就是"巾帼不让须眉"，从古到今，无数的巾帼英雄为争取独立、民主、自由而抛头颅、洒热血，为祖国、为民族树立了精神标杆。先有花木兰代父从军、穆桂英上阵挂帅，后有秋瑾献身变法、刘胡兰慷慨赴死、东北抗日英雄赵一曼用不屈书写中华民族的傲骨，现有任长霞用生命捍卫人民群众利益、中国首位女航天员刘洋为载人航天工程推进做出杰出贡献，她们都是巾帼英雄，都无愧于"女中豪杰"这四个字。我们许多年来都提倡培养"不爱红装爱武装"的女民兵、女飞行员、女企业家、女干部，女人被赞美最多的就是"巾帼不让须眉"，越来越多的"男人婆"失去了女人最柔美的东西。当女人们开始像战场的战士那般在现代社会冲锋陷阵，在男人堆里厮杀打拼，闯出一方立足之地，说好听了是巾帼不让须眉，说不好听了是"男人婆"。一如朱德庸漫画《粉红女郎》里那个整天拿着拖把拖地，走路横冲直撞，嘴上不饶人的"男人婆"。她们意志坚定，百折不挠，她们不会像"万人迷"一样千娇百媚、我见犹怜。在外人的眼里，这些"男人婆"的字典里似乎没有"忧伤"二字！因为她们豪气冲天，与男同胞称兄道弟，早就在男人堆里练就一身"大碗喝酒、大块吃肉"的本领，以自己的工作业绩昭告世人——谁说女子不如儿男！

在30多年前的撒切尔夫人和英迪拉·甘地时代，充斥着核武器、对抗、冷战这样的政治议题，女性领袖的作风也随之被锻造得几与男性无异，甚至必须比男性更强硬，那个年代独有的政治家生存法则为女性执政打上坚实的男性烙印。女强人们把自己武装成"男人婆"，除了做事风格，还包括外在穿着打扮。她们务求把自己打扮得"像个男人"，穿着黑色西装，扎着领带，甚至有些女强人说话大声，连动作也在模仿男人，以期在男人如林的职场中抢得一席之地。当今竞争激烈的职场中不完全是男人的天下，越来越多的"男性化"的女人在工作中崭露头角，成为为数不多的女强人、女老板，而这些在职场上有一定地位的女性往往会被看成"工作狂+男人婆+没有家庭+女魔头"的综合体。如果抛弃了上帝赐予女人的特质，在言谈举止、行事作风上处处都跟男人看齐，可就真成了被人嫌弃没有女人味的"男人婆"了。

时代的变化并没有消弭女性领袖的强硬作风，却令女性性别特征的回归成为可能。现代女性高级管理者已经摆脱了"铁娘子"形象的禁锢，开始回归女性本色，对于女性领袖来说，温柔婉约不再成为影响她们执政的弱点，民众对于女性领袖的期许也不只是拘泥于此前的铁腕、强硬，而趋于柔和、慈爱。曾经强硬如默克尔，在媒体的鼓噪下也流露出女性的风情，而更多如季莫申科、阿罗约这样的美女领袖，美貌和性别成为她们在权力纷争中游刃有余的利器。阿根廷女总统费尔南德斯形象出众，一头褐色长发，笑容迷人，举止优雅，总是给人风情万种的美好印象。康多莉扎·赖斯作为美国历史上第一位黑人女国务卿，虽然已被美国总统布什称作"世界上最有权力的女人"，但她爱美，爱运动，身材一流，更愿意被世人当作"美女"看待。乌克兰总理尤利娅·季莫申科是个出了名的多变美女，她衣着考究，是时尚和美丽的化身，这个"美女政客"很善于利用自己的美貌，从而达到自己的政治目的。在回教世界，女性地位卑微，美貌与智慧并重的约旦王后拉妮娅却撑起半边天。贵为王后，她却非出身名门望族，反而来自逃到科威特的巴勒斯坦难民家庭。当上王后，她不做享乐派，反而致力推动教育，设奖学金，与私人机构合力复修 500 间学校，面对 911 恐袭令国际社会对回教世界产生歧视的状况，她在 YouTube 成立频道，亲自回答阿拉伯女性地位等问题，她深信化解歧视可促进和平。这些女性领袖更希望自己在职场上是有双性魅力的领导者，而不是强硬的"男人婆"。

出色的女人越来越多地出现在我们身边。她们美丽温婉，独立自信。身处职场的女强人，并不意味着与美丽和女人味告别，而是可以充分利用个人的"女性资本"。最会美的女企业家，自然非杨澜莫属。出生于教授之家的杨澜，不仅是大名鼎鼎的主持人，拥有实业、身家过亿的女富豪，还是拥有一双可爱儿女的漂亮妈妈，学业、事业、婚姻、家庭样样成功，连百度百科也将她定义为"优质女性典范"，集美丽、智慧、优雅、知性于一身的完美女人。她睿智精准的谈吐，理性与感性兼具的风格，无不散发着职业女性的魅力。傅莹，中国职业外交官，曾任中国驻菲律宾、澳大利亚等国大使，是中国第一位少数民族女大使，新中国为数不多的女性副部级外交官。她儒雅，端庄，似乎看不到任何的咄咄逼人，尽管柔声细语，但立场清晰坚定，而且让人听了觉得合情合理，心服口服。前国务院副总理吴仪常称自己是"小女子"，"小女子豁出去了""小女子有泪不轻弹""小女子受命于危难之中"，可是，这个"小女子"一旦坐在国际谈判桌上，立刻就成了

"铁娘子"。她的谈判风格以不畏强权著称，作风硬朗，敢作敢为，令对手又怕又敬。吴仪的出现，真正打破了中国人的传统价值观，女子再也不是"无才便是德"，女性不仅可以出人头地，还可以影响世界，甚至改变世界。另外，像年轻一代的巨人网络总裁刘伟、中正达企业集团(香港)有限公司董事长冯媛等，一改过去"女强人"或"女超人"的形象，更愿意以"美女"亮相，青春靓丽，妩媚多姿，或潇洒自如，刚柔并济，充分发挥女性的特质，把社会眼光中所谓的女人的"弱势"化为"优势"，充分发挥女性的优势，在商界中长袖善舞，活出自己的梦想。的确，成功的女性，绝非是我们传统所说的女强人——那种强悍胜似男性的女性，而应该是魅力非凡、气质优雅的。

伴随着女性的逐步独立，无论在官场上还是商场上，无论是政界还是科技界，在这个求新求变的新时代里，智慧美丽型的女性最受推崇，这些辛勤奋斗的女性也给为男性所主宰的职场增添了一道亮丽的风景。

第三节　重视女性的自身特点

中国女性从没有社会地位的小脚女人到今天的出得厅堂、下得厨房的现代女性，已走过了风云变幻的百年史。现代女性，崇尚独立自主、自尊自立。她们拥有一份自己热爱的事业，有着自己的理想与目标，思维敏捷，聪明智慧，干练精明，谈吐优雅，勤奋努力。现代社会也给女性提供了更宽广的舞台，各类女性在这个舞台上尽情展示自己的魅力。现代女性既有现代气息又具有传统美德；既时尚又典雅，既有文化内涵又有情感内涵，既大胆开拓又柔情似水，活得洒脱，活得现代，蕴藏着事业上的向上冲劲和生活上的美好追求。冰心老人说过："世界上若没有女人，这世界至少要失去十分之五的真，十分之六的善，十分之七的美。"要做一个与男人享有平等工作生存等权利的女人而非做一个强硬到失去性别特征的女人。女人再怎么强，也都还是做一个性别明显的有女人味的女人才算精彩，男人有男人的精彩，而女人们当然也有做女人的精彩。现代女性是独立、智慧、美丽并存的独特风景。

　　提起女性二字，我们往往想到的是温柔和知性。正如贾宝玉对女性的比喻"女人是水做的"一样，柔软中蕴含着力量。卢梭说："女人最重要的品质是温柔。"弥尔顿说："男人为思想及勇气而生，女人为温柔及典雅优美而生。"温柔体贴是几千年来在我国形成的女性的传统美德。这种美德表现为谦和恭敬，柔情似水，心地宽容，关怀体贴。温柔之美是女性的一种特殊的处世魅力，是女性美的最基本特征，温柔的女人就像绵绵细雨，润物于无声，却令人心荡神驰、回味绵长。用"何意百炼钢，化为绕指柔"来说邓文迪的智慧再合适不过了，各种场合中，她永远是以一个娇妻贤内助的角色依偎在老公默多克的身旁，展现光芒的同时丝毫没有占去老公的光彩，相反，映衬出的是老默多克充满活力的姿态。默多克曾说：邓文迪是一个非常温柔的女子，她有一种温柔的力量。而当时著名的时尚杂志也报道过：邓文迪身上有一种别样的温柔感。比起那些年轻美丽、丰臀肥乳的女人，温柔的女人才更具魅力。因为容颜会老去，身材会枯萎，但温柔会随着时间融入骨血，让一个女人连呼吸都散发着优雅气质，美到极致。纵观五千年华夏文明史，长孙皇后，即唐太宗李世民的文德皇后，是最为成功的女性之一，她不仅是那个久远王朝母仪天下的典范，也堪称当代知性女子的楷模。她没有武则天的野心与霸气，也没有褒姒与夏姬的狐媚，却有"坤载万物，德合无疆"的承担与高贵。刘若英，出道之初就是凭借温柔外表、知性气质打动人心，这个温柔知性的女人一直以来都带给大家恬淡暖心的感觉，也正是由于她的个性特点和歌曲风格中都融合了温柔与坚强，才让她能够在电影表演和流行音乐这两个领域都硕果累累。

　　老子曰：夫唯不争，故天下莫能与之争。天地间至刚者，必为至柔。女子因其至柔，而成至刚。其实柔软的东西才是有力量的，就像"上善若水"，能够包容一切，改变世界。有道是：女子如此多娇，引无数英雄竞折腰。河东狮是古代形容厉害女人的，让人听到就会胆战、汗毛倒竖。有谁会愿意长年累月地与野蛮、强悍、泼辣的女性接触呢？所以作为一个现代女性，不仅要保留自己独立的个性，也要保留那传统的温柔之美，要在自己的日常生活中，注意加强性格上的修养，培养女性柔情。温柔与豁达就是一种教养，一种情怀，一种悲天悯人的大智慧，这会让女性受益无穷，也是女性一生的魅力所在。

美丽是上天赋予的外貌，是外在的有形。杨澜说过："在适当的时候让你的美貌掌握着足够的发言权。漂亮的外貌并不是每个女孩都拥有的，让漂亮的外貌成为你的资本，在需要的时候使用一下，它可以开启你人生中的很多困境，虽然有时候有人说漂亮的女孩都是花瓶，但是花瓶如果摆在了合适的位置，它就是艺术品。有着美丽的外表又有着智慧的内在才是优秀的女人。"美丽的相貌很重要，由内而外的气质更不能忽视。相貌都是短暂的，气质是潜心修炼的涵养，由于岁月的流逝，美丽的外貌可以消逝，而女性由内而外的气质却是可以随着时间的流逝而递增的。有气质的人不一定漂亮，但有气质的人一定很美。我一直欣赏英国已故王妃黛安娜，如果她仅仅是漂亮而没有那高贵的气质，我们对她的认识恐怕只会停留在灰姑娘遇到王子过上安逸生活的阶段。而她那具有穿透力的美，那独特的气质却震撼了英国乃至整个世界！2015 年，中共中央宣传部、中华全国妇女联合会向全社会公开发布了李元敏、梁芳、董明珠、王桂云、王焕荣、秦开美、王丽萍、章金媛、次仁卓嘎、柳清菊 10 位全国"最美女性"的先进事迹，她们是来自不同民族、不同地区、不同行业的优秀女性，在各自岗位上开拓进取、拼搏奉献、勇攀高峰、争创一流，做出了不平凡的业绩，在她们的身上，充分展示了当代中国女性自尊、自信、自立、自强的优秀品格。

用渊博的知识充实和丰富自己的女人，加上勤于思索，感性而善悟，素养渐渐增强，气质就会不请自来，举手投足都传递着女性良好的底蕴和气节，即使没有闭月羞花、沉鱼落雁之容，但她们的美仍能经历岁月沧桑的洗礼，就像久藏的美酒一样愈久愈醇，散发着迷人的魅力。男人们欣赏这样的女性，在他们相互思念对方的时刻既能轻轻地吟诵："兼葭苍苍，白露为霜。所谓伊人，在水一方。"也能在他们相聚的瞬间，唱一首邓丽君的《我只在乎你》。男人喜欢这样的女人，在她的身边，他能够忘记世事的烦恼，徜徉在遥远的相思和现实的浪漫中。

《红楼梦》中有一句话：世事洞明皆学问，人情练达即文章。我认为这句话的前半句可以理解为聪明，后半句表现的就是智慧。毕淑敏曾说过："智慧是优秀女人贴身的黄金软甲，是女人纤纤素手中的利斧，可斩征途上的荆棘，可斩身边的烦恼。智慧是阅历、经验、胆量三者的统一，智慧的女人是无往不胜的。"中国自古崇尚"女子无才便是德"，但有一位女性却可以在这种背景下活出自我，成为博学多才、品德俱优的女史学家、女政治家，她就是班昭。虽然她留下的《女诫》压抑了妇女思想两千年，但是在妇女受歧视、受压迫的封建社会里，才学出众的班昭可以称得上是古代妇女智慧的代表。林徽因若空有美貌没有才情，她也许可以让三个男人同时爱上她，但很难让三个男人始终对她念念不忘。所谓"岁月从不败美人"，说的大抵就是如林徽因这般学无止境芳华自现的女人。作为中国最著名的文学翻译家、外国文学研究家，以及身为钱钟书先生的夫人，被称为"最贤的妻，最才的女"的杨绛，她身上坚韧、清朗、独立、智慧又充满力量的品质，影响了一代又一代女性。长相粗壮黝黑的普莉希拉，之所以能够吸引 Facebook 创始人扎克伯格，能够一边生养孩子一边做慈善，一边还兼任霸气 CEO，凭借的更是自己超高的智慧与学识，作为哈佛大学医学院的超级学霸，早早就收服了小扎的崇拜和爱慕。遭遇事业瓶颈期的董卿，留美深造，归国后主持《朗读者》展露出自己深厚的文学底蕴，广受好评，再创事业佳绩。

　　智慧女性有很强的独立性，她们不人云亦云，不为别人所左右，无论面对生活中多么大的挑战，始终是一副从容自若的表现。智慧是女性强大的后盾，智慧赐给女性巨大力量，智慧的女性是优秀的女性。

第四节　对"色情"说不

　　"性"在中国，几千年来一直被当作神秘而又敏感的东西。"万恶淫为首"，在我国老百姓的心中，强奸犯等性犯罪的罪犯最见不得人，不仅他们一辈子从此抬不起头，就是他们的子女也将从此背上一个千斤重的黑锅，永世不得翻身。改革开放，各种思潮蜂拥而入，观念变化迅速，人们的理念和行为也在这场变革中飞速变化。性，不再像以前那样神秘莫测或令人听之变色了。也正是在这种宽松的氛围中，性骚扰出现了。其实，在中国，性骚扰行为一直存在，并在各种场合下给女性造成了非常大的困扰。性骚扰对于年轻人，特别是年轻女性，可以说是再熟悉不过了。你在上下班坐公共汽车时本来已经被挤得快成"相片"了，偏偏就有一些"恶魔"在你身边蹭来蹭去，或碰一下你的胸部，或抓一下你的臀部……让你有苦难言。你抓他去公安局吧，这样"占小便宜"的也没有办法定罪；不理他吧，实在是可恨。当你在办公室聚精会神地工作时，忽然有位男同事冲你说了几句黄色笑话，或有心无心地拍拍你的肩膀，你气愤恼火又不便发作。你开心地在大街上消遣时，突然冒出一位陌生的先生向你动手动脚，你除了骂几句"讨厌"之外，便手足无措了……凡此种种现象，困扰着众多的女性，不少人遇到这样的事后，或惊慌失措，或怒发冲冠，性骚扰给她们的生活蒙上了不应有的阴影。

　　社会环境对女性遭受性骚扰的纵容集中体现于，我们身边大部分的女性都有过被性骚扰的经历，但是很少女性会公开谈论。因为在这件事情上，首先，法律不好界定。虽然现在有法律惩处性骚扰，但什么才属于性骚扰却没有规定，所以，许多遭受性骚扰者拿起法律武器时，往往不会被立案，因为没有充分的证据，除非有人身伤害等行为，如遭受强奸等。而且很多时候事情都是在私密的环境下突然之间发生的，没有留下人证、物证、书证，无法拿到证据，因为举证困难，被骚扰人往往难以胜诉。相关法律的空白，意味着惩治机制的缺失，直接导致了女性"说出来也没用"的共识，于是默许变成了对事态的纵容。其次，很多人觉得女性权益没有得到维护是由于女性自身存在问题，比如"柳岩事件"被爆出来之后，很多人都去柳岩的微博下发布类似"平时就走的性感风，活该被戏弄"的评论。与此相同的，在如家旗下酒店发生事件之后，也有人说遭遇此事的女性网友一定是由于自身的衣着不得体才会有如此遭遇，将一切都归因到女性的穿着打扮上。三是怕影响自己的生活。有些女性面对性骚扰，往往选择了沉默，主要原因怕因此导致将来生活中被人笑话或指指点点，甚至由此影响自己的家庭或夫妻的正常生活，所以，选择了沉默。在这几点的影响下，女性渐渐习惯经常发生在周遭的性骚扰，并对现象本身产生漠然的情绪。

　　关于性骚扰这个话题，很多人不再是闭口不谈，因为当下越来越开放的社会，性骚扰事件屡次发生，无论男女，大概或多或少遭遇过这种难以启齿的问题。台湾美女作家林奕含童年时遭到老师性侵，无法走出阴影，最终选择了自杀；2013年 Taylor Swift 巡演的时候，因 DJ Muller 在合影环节趁乱将手伸进她的裙子里摸了她的臀部而将其告上法庭；演员马丽曝光了在超市摸她屁股的变态，并且呼吁女性一定要保护好自己，不要沉默；男星焦恩俊的女儿在微博上说自己在地铁上被"阿公"摸大腿，同时鼓励女人遇到伤害一定要勇敢说出来。越来越多的女性愿意勇敢地站出来告诉我们——你被骚扰了，这没什么好丢人的。

职场性骚扰很难界定，也不太好搜集证据。但有一个最基本的衡量标准，那就是以女性的不舒服为界限，如果男性的一些言语和举动已经引起了女性生理、心理的反感，就应该视为骚扰了。作为一个职场女性，应该如何应对职场性骚扰呢？一是从开始就要注意和异性保持正常的同事关系，不要和自己不熟悉的人谈论过多的私人话题，也不要在工作之外和异性长时间单独相处在一个空间之内，一定保持好合理距离。二是有技巧地拒绝。对性骚扰要坚决勇敢地说"不"，主动扼杀危险的苗头，不要消极回避。多数的性骚扰实施者最初会试探受害者的态度，如果在一开始就态度鲜明，表明立场，会终止对方的侵扰。如果遇上那种无定向的性骚扰，不是针对个人，比如酒桌讲黄段子、电梯里大谈黄色笑话那种男人，女性最好的态度是目光呆滞，毫无反应，不笑，也没有个人情绪。不接茬，就是最好的回应。遇到性骚扰，除了明确的拒绝，还要学会收集证据，寻求帮助，文字信息、录音、照片、视频都可以作为证据。在证据确凿的情况下，积极反抗。将材料提交到企业部门或相关司法部门，检举揭发，同时可以利用互联网社交媒体适当曝光，争取自己的合法权益。三是做实力派职场女性。职业女性在职场要赢得男性的尊重，一定要有实力派将相的作为。职场女性需用心钻研业务，不断提高工作能力，努力成为职场不可替代的实力派人物，这样他人就不敢轻易冒犯你，骚扰目标自然不会锁定在你身上。

在面对有非分之想的人以及不尊重的行为时，敢于发声，作最强有力的回击。希望以后更多的女性可以懂得保护自己，对"性骚扰"勇敢说不！

第十章

做个快乐的女人

快乐没有标准，它只是一种感觉，它不取决于人们的生活状态，而取决于人的心态，快乐的特征就是心灵的平静，所谓知足常乐就是这个道理。

快乐的女人不一定漂亮，不一定出色，但一定是真诚的，是自信的。她们的脸上会洋溢着迷人的微笑，举手投足间会传递出豁达与坦荡。这微笑就像春日里的一缕清风，让家人心生温暖，让同事倍感亲切；这豁达和坦荡更会给女人带来好运，促进家庭幸福，事业成功。

快乐的女人热爱生活，也会享受生活，知道怎样才能让生活更加精彩，让生命更有意义。她们在经济上独立，无忧无虑地享受自己创造的财富；在事业上有成，头上笼罩着勤奋带给自己的光环；她们爱家人，会用心经营好自己的爱巢；她们更爱奋进，有毅力攻克一个个奋斗目标。

第一节　享受自己创造的财富

中国有句古话，叫"嫁汉嫁汉，穿衣吃饭"。年长一些的人常挂在嘴边的一句话是：一个女孩子为什么要会挣钱？嫁个好男人不就行了！社会进入新时代后，这种旧思想已基本被巾帼不让须眉的新思潮所颠覆，大多数姑娘的人生观发生演变，主流思想开始倾向于女孩子不仅要有自己的工资收入能养活起自己，而且在事业上也要与男人平分秋色，顶起半边天。从前被人轻视的价值观如今演变成了女孩们努力生活的底线。虽说现在的女性在照顾家照顾老人和孩子方面依然处于骨干地位，但他们已经不满足于做家庭的长期保姆了，她们会努力工作，追求经济独立。

一个努力赚钱的女人，并不是因为她有多爱钱，而是她看到了生活充满变故，她要在赚钱的过程中，让自己变得优秀，变得强大。优秀到有能力应付这些变故，强大到自己的工作所得能够撑起自己想要的生活。一个女人消费自己创造的财富不仅能活得踏实，更能活出一份骄傲，这样的女人在男人面前才会有尊严。但不可否认，目前仍有两种价值取向充斥在女人的世界里，一个是靠自己的努力去赚取人生的财富，第二个办法就是仰仗自己的男人，所以有些人仍然很羡慕嫁入豪门的女人。嫁入豪门省去了奋斗的艰辛，却能锦衣玉食，这真是一个让人羡慕的理由。嫁入豪门的女人是幸运的，也是优秀的，优秀到能够撑起豪门的面子。如果自己不够优秀，就别做豪门梦。都说豪门深似海，家家都有难念的经，这里面的奥妙我们不去探讨，但谁都知道豪门媳妇难做。有人曾问过范冰冰，是不是想嫁入豪门，得到的却是范冰冰霸气的回应"我就是豪门"。面对自己创造的财富，范冰冰是自豪的。女人，就应该像范冰冰那样自己做自己的豪门，那样活得才会底气十足。

我原先的一个同事，大学毕业后就来单位做了党群干事，处理事务灵活机动，很得领导赏识。老公同在电建行业上班，是一位基层的技术干部，两人很民主，做事总是有商有量。后来机缘巧合老公下海经商，并且干得风生水起，买卖越做越大，资产越来越多。孩子出生后，老公就要求她辞职做起了全职太太。现在孩子上小学开始住校，她就闲了下来，一天也没什么事，就经常到各地去游玩，并把照片晒到微信朋友圈上，引来众多的羡慕嫉妒恨。前两天见面，却发现前同事表情忧郁，一问才知她的父亲生病，需钱做手术，她根本没有自己的积蓄，可这几天老公心情不好，她都不敢开口向老公要钱，煎熬了好多天。她说，现在的生活虽然表面风光，实际上却没有一点尊严，买什么都要伸手向老公要钱，什么事老公都不跟她说，在家里也没有什么话语权，凡事都等老公去安排。感觉自己就像被豢养的一只宠物，虽说吃得好穿得好，却活得没有了自我。她说她还是想回来工作，工资不用太高，够自己开销就行。

反观我的一位表妹，出生在农村，高中毕业没考上大学。她很小的时候就来到城市里打工，做过饭店的服务员，替人卖过服装，结婚后也坚持打工挣钱，甚至背着孩子卖过菜。现在苦尽甘来，经营着一家红木家具店，生意越做越旺，收入比在国企当中层干部的老公还要多很多。那天表妹想买一套健身器材，一看价格贵得惊人，有点舍不得，就跟老公商量。老公却说想买什么就去买啊，花你自己挣的钱，我没有意见。花钱上老公很宽容，生活中更是对表妹刮目相看，一味地向人夸耀自己娶了一个能干的媳妇，有时单位上一些棘手的事也要向表妹请教。

从两个例子中不难看出，女人的赚钱能力与女人在家庭中的地位是成正比的。如果你想一辈子都依附于老公生活，那么你就要做好一辈子忍气吞声的准备。拿人家手短，吃人家嘴短，夫妻之间也不例外。只有你能养活自己并能为家挣来财富的时候，你才能在和老公争论时底气十足，甚至理直气壮。其实，生活在这样的一个社会里，大多数普通家庭早已过了"男人负责赚钱养家，女人负责貌美如花"的时代，大部分的人生存压力都很大，车子、房子再加上孩子的教育成本，单靠老公一个人挣钱，往往不能满足日常的消费，这时不用说女人不出来挣钱，就是女人挣钱少都会引来老公的不满意。对你心生不满的老公，怎么还会对你疼惜有加？女人不仅要有独立的思想、独立的人格，更要有独立的经济。

社会如大海，家庭像港湾，男人才是家庭港湾真正的主导者。生活是多变的，婚姻也不太平，谁都期望老公不忘初心，始终如一不离不弃。可是人的情感会随着阅历经历的变化发生变迁，现实生活中离婚分手已不是什么大不了的事，没有谁能保证自己的婚姻会永远不出问题。把自己的幸福像押宝一样寄托在别人身上，还不如靠自己去创造，自己奋力拼搏并享受由此创造的财富，才能让女人有安全感。

我国的婚姻状况不容乐观。中国婚姻家庭研讨会专家委员会副主任陈一筠说，新中国成立60多年来，我国婚姻从前30年的超稳定型阶段，已进入后30年特别是近年来的动乱时期。统计数据显现，从20世纪70年代末开端，我国离婚人数和离婚率持续上升，近5年来增速明显，增幅高达7.65%。2010年，全国120多万对夫妻喜结连理的同时，196万多对夫妇劳燕分飞。目前，北京、上海的离婚率已超越1/3。从年龄结构看，22岁—35岁人群是离婚主力军，36岁—50岁婚姻相对平稳，50岁以上离婚率疾速上扬；从教育背景看，学历高低与离婚率多少成反比，学历越低，离婚率越高，学历越高，离婚率越低。由此可见，现在的家庭对于女人来说已经不再是平静的港湾，这里波澜壮阔，险象环生，婚姻本身带给女性的安全感已经不高了。那么在这样的情况下，女人还把一切生活来源押在丈夫身上，不努力去为自己挣取生活费，那么一旦双方离婚，将会给女人带来灭顶之灾。所以说经济独立其实是女性自身的一个保障。热播电视剧《我的前半生》

讲述的是全职太太罗子君被丈夫无情抛弃，从哭天天不应，哭地地不灵到树立自立自强意识努力寻找工作的奋斗过程，引起了大众特别是一些全职太太很大的反响。"外面世界很精彩，婚姻生活很无奈。"当然了，并不是所有的男人都不可靠，但是所有的女人的确应该自强。我们不怀疑陈俊生当初对罗子君说"我养你"时是情真意切的告白，但罗子君却天真地把这句话当了真，还想永远地当真下去。谁也不知道未来会发生什么，作为成年人，本就应该为自己的言行负责，为自己的将来负责。如果把罗子君换成企业高管唐晶，或者换成凌玲，虽然只是公司的一个小职员，却可以自食其力，那么在这场婚姻变故中也不至于那么被动。另一方面，不管陈俊生是不是渣男，不漂亮不年轻的凌玲，不正是用严谨认真的工作态度，努力挣钱养家养孩子的能力吸引了陈俊生吗？

故事中的罗子君是幸运的，在闺蜜和好友的鼎力相助下，终于勇敢地站了起来。现实生活往往要残酷得多。人到中年，没有工作经验又无一技之长，即使碰得头破血流也不一定能找到工作。所以说女人，到什么时候都不要轻易丢了生存的本领。

享受自己创造的财富，是女人骄傲的资本，更是女人自信的源泉。买得起自己喜欢的东西，去得了自己想去的地方，不会因为身边的人来或走影响生活质量，这样的女人才是令人羡慕的，这样的女人才会赢得大众的由衷钦佩。如果你已经做到了这一点，那么接下来你要做的就是对自己更好一点。懂得怎么花钱，对于一个女人而言，也是一种自我解放的标志，对自己大方的女人一定比对自己抠门儿的女人过得舒服。都说没有丑女人，只有懒女人，每天花些精力打扮自己的妆容，看到喜欢的衣服就买下来，用一些高档位的化妆品，时不时去美容院做皮肤护理，享受按摩的舒坦，让自己变得越来越漂亮。除了美丽的外表，还要有健康和智慧的投资。可以到健身房、游泳池进行身体锻炼；也要时常愉悦自己的身心，去想去的地方旅行，在大自然的熏染中陶冶自己的情操；还可以参加培训班，读书、听讲座、写文章，增加自己的学识和阅历……

女人就应该快乐地消费自己创造的财富，这样才能把自己的生活打理得更加丰富多彩。

第二节　享受能力和勤奋带来的荣誉

在这个世界上，人们对男性和女性价值取向的审视角度不同。俞敏洪曾说过，女人如果觉得一个男人帅就嫁给他，这是好色；男人因为女人漂亮而娶她，这是审美。对男人和女人成功的定义也不一样，男人成功被称为"责任"，女人成功却是实现价值。不可否认，这是一个强者恒强的社会，男人在其中立足不易，女人们为实现这所谓的"人生价值"就更加艰难。在同等条件下，女人付出的泪水和汗水往往要比男人多得多。所以一个女人要想在职场中混出个模样，那就得鼓起十二万分的勇气，用极其认真、极其严谨的态度打理好自己的工作，然后再克服重重困难，迎接各种考验，才能打拼出属于自己的世界。这不仅要有聪明的头脑、丰富的实践经验、熟练掌握各种人事关系的技巧，更要有超乎寻常的勤奋。所以女人在职场中获得成功会得到更多的尊重和赞赏。

勤劳、善良、勇敢是中华民族的传统美德。职场的勤劳就是勤奋。勤能出巧，勤能补拙，勤奋富有巨大的底蕴与魅力。经济学家说勤奋能使人聪明，能够治愈贫穷和创伤；社会学家说勤奋是实现理想的基石，是缔结幸福的光环；文学家说，勤奋是打开文学殿堂之门的一把钥匙。"天才是百分之一的灵感，加百分之九十九的汗水。"勤奋的工作、聪明的头脑和敏锐的眼光不仅成就了爱迪生，也成就了居里夫人。提取镭的过程是极其艰苦的。居里夫人和爱人不论严冬或盛夏，不分黑夜和白天，整天紧张地工作着。由于睡眠太少，体力消耗太大，居里夫人的健康受到损害，她明显地消瘦了。但是，她坚持着，整整花了45个月的劳动，经过几万次的提炼，终于成功地获得了10克纯镭。就是这样异乎寻常的勤奋，让居里夫人在物理学和化学领域都做出了杰出的贡献，并因此而成为唯一一位在两个不同学科领域、两次获得诺贝尔奖的著名科学家。

勤奋不是嘴上说说而已，而是实际的行动。大家心里都清楚，天上不会掉馅饼，任何的成功都需要艰苦卓绝的努力和付出，甚至需要几代人撸起袖子加油干。纵观那些成功者，大多数都有坚强的意志和持之以恒的精神。他们干一行爱一行，无论是身居要职还是刚刚起步，在自己从业期间，都绝不会慵懒和懈怠地对待自己的工作，而是以孜孜不倦的追求和精神饱满的斗志做好手头上的每一件大事小事。这样的人通过这样的勤奋获得应有的地位，不仅是权利，更是荣耀。

勤奋不仅指身体上的勤奋，也指精神上的勤奋。生活中总有这样的一类女人，她们在事业上努力打拼，遇到挫折和困难，既不会抱怨，也不会踌躇。她们给自己设定了一个准确的心理定位，那就是从不依靠任何人，只有自己才是自己的依靠。所以她们竭尽所能，不断地完善自我，充实自我，在努力实现自我价值的道路上奋勇向前。这样的女人她的精神世界是坚挺的，她有见识、有勇气、有追求，人生观坚定，价值观分明，世界观广阔。在她们看来工作固然是为了生存，但她们也体会到，比赚钱更为可贵的就是充分挖掘自己的潜能，把赚钱的过程当作自己学习经验的过程，向高标准看齐，尽快补齐短板，把每一次工作的经历都变为个人成长的机会。

也许你只是一个小小的打工妹，但把自己的工作当成是事业来做与你的身份并不矛盾；也许你的工资有限，权力有限，但你施展才华的空间是无限的。谁都无法阻止你为今后的职业生涯付出努力，为今后的成长成材积累资源。对待工作你可以推诿敷衍怎么省劲怎么干，做一天和尚撞一天钟；也可以发挥自己的聪明才智，整合有效资源，统筹工作计划提高工作效率，把工作做得尽善尽美。工作之余你可以随波逐流，人家麻将你麻将，人家喝酒你唱歌；也可以利用空闲时间学习专业知识、理论知识充实自己。俗话说种瓜得瓜种豆得豆，如果你长期坚持在事业上比别人多付出一些，多用心一些，你一定会在工作中比别人成熟快，收获比别人多。聚沙成塔，集腋成裘，良好的职场经历、强烈的责任感、饱满的工作热情，这些都将与财富、名利、幸福等等一样，让你有满满的成就感。这就是精神勤奋创造的价值。

"生命因你而美丽"让人感受到的就是精神的追求和勤奋。这是党的十九大代表、内蒙古一机集团数控女工赵晶的微信昵称。赵晶不喜欢一成不变，不喜欢按部就班，她爱钻研、爱创新。遇到难题，就特别想解决，解决了，就非常有成就感。她坚持在机床旁工作了14年，从一名普通工人成为行业响当当的数控专家，获得全国技术能手、全国三八红旗手、享受国务院政府特殊津贴、中国兵器集团关键技能带头人、自治区五一劳动奖章、自治区草原英才等荣誉称号。机械加工行业一直是男性的主战场，赵晶这个精致秀气的80后女性却在行业中起到引领示范作用。2016年，以她的名字命名的"赵晶一位双刀套类零件操作法"，申报为中国兵器工业集团公司第四届创新大赛特色操作法。她为研究出一个拓展设备的刀夹，改进工装后再改刀具，最后调整修改加工程序，前后修修改改不断完善约七八个月。这一操作法突破了机床极限，不仅使螺纹钢套类零件的加工效率得到极大提高，还推广至类似结构零件且刀具工位数量受限的产品中，对行业合并工序提高生产效率、提升产品制造质量具有不可估量的意义。

任何成绩都不可能一蹴而就，绚丽的彩虹总是出现在风雨后。吃苦和勤奋就是一对孪生姐妹。中国有句俗话叫："天将降大任于斯人也，必先苦其心志，劳其筋骨，饿其体肤，空乏其身，行拂乱其所为，所以动心忍性，曾益其所不能。"凡是想成就大事者，都不会有畏难情绪，更不怕吃苦受累，一张好的蓝图要一干到底，绝不会轻易就实现。所以成功者不会专捡容易的工作去干，越难完成的工作越能激发他们的斗志。他们把勤奋当作披荆斩棘的利器，一路艰辛一路歌，虽伤痕累累，也会硕果累累。强者都是含泪奔跑的人，电视中镁光灯下，那些光鲜靓丽、世人景仰的商界大佬、影视明星，谁的背后都隐藏着一个个艰难跋涉的拼搏故事。他们的路是一步一步走出来的，他们的苦是一口一口吞下去的，他们也都是经历过抽筋扒皮才换来的脱胎换骨。那些不足为外人道的苦闷往事，才是真正让他们成功的理由。

为什么有那么多的女人喜欢灰姑娘成功逆袭的韩剧？不可否认，这些陈词滥调的故事都有独特的视角（像《浪漫满屋》的独特在于男女同居密切相处、《巴厘岛的故事》有美丽旖旎的风光）。我认为故事匠心独具的地方还在于，现代版的灰姑娘不再是那些只能躲在男主角羽翼下寻求保护的弱女子，而是一些自强不息，身入职场，努力打拼的职场女性。她们斗志十足，认真生活，把工作当作事业来做，无论多么艰难，都勤奋勇敢乐观，吃苦耐劳，靠自己的努力化解了一打打的难题，得到了周围的认可，也获得了男主角的青睐。这些电视剧正好迎合了女人渴望成功的心理，甚至把自己想象成了剧目中的女主角，享受勤奋和能力带来的荣誉。我也欣赏剧中的女主角，虽然她们是虚拟的人物，但故事来源于生活，现实中一定有如女主角一样努力拼搏取得成功的女人，值得我们去敬佩和学习。

业精于勤，荒于嬉；行成于思，毁于随。有耕耘就会有收获，女人只要用勤奋的双手去创造，就一定能够收获勤奋带来的精彩和荣耀。

第三节　经营好自己的爱巢

两个人离开父母，彼此联合组成家庭便成为一体，这是圣经中对婚姻的定义。每个人都期待自己的婚姻生活是一个浪漫的旅程，都期待家庭成员互相关心，互相体谅，互相鼓励，互相支持。这样这个家庭才会和睦，充满阳光，孩子也能快乐、幸福、健康成长。目前在我国，由于历史原因，大部分职业女性都还没有从家务中解放出来，经营好家庭，让家庭良性健康发展，女人往往发挥着更重要的作用。所以说经营好自己的爱巢也是女人成功的标志之一。

夫妻同心其利断金，可是漫漫婚姻路也并不总是艳阳高照，晴空万里。婚姻就像一条船，也会因行驶不当而触礁停驻。这是因为每个人的成长途径和经历不同，养成的世界观和方法论也不同，在处理问题上很可能存在互相不认同的现象。另外个性不同的两个人生活在一起，生活习惯、脾气性格、兴趣爱好也会有所不同，这不仅需要很长一段时间的磨合，更需要夫妻之间的相互包容和理解。夫妻三观合固然是上天的造化，但如果夫妻间产生分歧和不同意见时，作为妻子也应该进行反思。是不是因为自己不问青红皂白，一味强行要求老公按照自己的标准行事，让老公认为是小题大做而产生不满和反感？如果真是这样，女人就首先要静下心来，好好地与老公交流。能够取长补短达成共识是最好的，如果不能达成一致意见，也千万不能让矛盾升级，要找出一个折中的办法。否则即使是一些无关痛痒的鸡毛蒜皮也会引起夫妻激烈的争吵和互相不让步，久而久之就会影响夫妻感情。家是讲爱的地方，不要总是讲理，要求大同，求小异不能仅仅要求男人去做，女人也应该有这样的胸怀。不是原则性的问题大可以睁只眼闭只眼，难得糊涂也是一个女人经营好一个家的必要条件。

经营好一个家，女人的付出往往多于男人。女人要想成为一个合格的"管家"，没有一定的持家本领是不行的。结婚后，女人不仅要学习治家的方法，还要学习如何照顾自己照顾家人，要经常与家人沟通，增进了解。在夫妻关系上，更要秉持这样的一种态度，爱对方就等于爱自己，爱自己就是爱对方。如果有了这样的想法，婚姻经营起来会容易得多，自己也能开心快乐、游刃有余地处理好家庭中的各种杂事、烦心事。

有次国庆放假回家，我陪妈妈逛早市，遇见几个相熟的大妈。闲聊中听说老邻居、电力学校的王老师离婚了，我听后很是吃惊。那会儿，王老师两口子曾是我心中模范夫妻的典型，夫妻相敬如宾，嘘寒问暖，出门总是手拉手。孩子出生后，更是给这个其乐融融的小家带来了欢乐。后来，丈夫教学有方，事业有成，得到上级的认可，多次被评为优秀教师，再后来被提升为学校的副校长，年纪轻轻可谓志得意满。妻子王嫂经营着一家裁缝店，做真丝旗袍是她的一绝，吸引了许多爱美女性到店里购买、定做。本来以为他们的小日子就会这么红红火火地过下去，没想到人到中年却闹起了离婚。我简直不敢相信自己的耳朵，那么和睦的一个家庭，怎么就变成这样了呢？当过老师的大妈进一步分析着原因：两人在性格上都比较强势，总是针锋相对，谁也不愿意说软话。尤其是男人当上校长以后忙着应酬，对家的付出少了，媳妇也以挣钱比老公多为由不愿过多承担家务，凡事都丢给保姆。孩子上初中后，学习成绩下滑，两人便开始互相指责，一个说一个只顾自己往上爬，一个说一个拜金。吵来吵去，就把感情吵淡了，把家庭的温暖吵没了。这时意志薄弱的王老师，在合适的环境下，到外面寻找温暖去了，王嫂陷进了痛苦的深渊。

有生命力的夫妻感情，从来都不是互相制约的，而是彼此付出，彼此欣赏，彼此成就，就像居里夫妇一样。我们常说，不要对老公干涉太多，要给老公一个空间，可是要怎么把握好这个度呢？聪明的女人是这样做到的：她们会把老公的感受放在第一位，即便是老公做错事了，会在适当的时机委婉地提醒，绝不会在大庭广众之下兴师问罪，大肆宣扬，弄得满城风雨，尽人皆知。这不仅会丢了老公的面子，让他在人前抬不起头，也会引起他强烈不满。距离绝对产生美，女人更不能事事时时缠着老公，当老公的跟屁虫，甚至监听他的电话，打听他的行踪。如果把自己的老公管得太紧，他就会像小孩子一样产生逆反心理，就会想方设想逃离你这个藩篱。

孩子是祖国的未来，更是家庭的希望。把孩子培养成材是每个家庭最大的财富和幸福，母亲要当好孩子的第一任老师。每个孩子都是独一无二的，所以培养方式也应该不同，取得成就的领域也会很宽广。孔子就曾说过要因材施教。母亲要多与孩子沟通，要了解孩子的想法、性格和爱好。三百六十行，行行出状元，不能一味地要求孩子学习好，工作好，孩子有一个健康的心智比什么都重要。有十九大代表指出，未来20年将有60%的职业被取消，所以现在把孩子的人生分为工作和学习两个阶段已经不能应付未来的变化了，要培养孩子良好的心理素质，将来受到多少次的失败或挫折也不服输不气馁。母亲要给孩子创造一个和谐的家庭氛围，让孩子在充满爱的环境中快乐成长，要帮助孩子养成终身学习的习惯，养成有规律有秩序的生活习惯，这样的孩子长大后才会满怀爱心敢于担当。从社会新闻中我们不难看出，那些行为极端、心智有缺陷的人，往往有着不快乐的童年和不健全的家庭生活。母亲要严格要求孩子，也要给孩子适当自由的空间。要跟孩子讲道理，也要多鼓励孩子，孩子做了好事或者取得了好成绩，不要吝啬语言，应当给予适当的鼓励和奖励，这样孩子才会有上进心。孩子做错事了也不要过分苛责，要加以引导。一个好母亲会在与孩子斗智斗勇软硬兼施的过程中，向孩子灌输正能量，把孩子培养成一个诚实做人、踏实做事、热爱生活、积极进取的好孩子。

事业有成的女人，在单位的工作都不轻松，但绝不应该以工作为借口忽视了对孩子的教育和关爱。这一点居里夫人早已为我们树立了榜样。居里夫人既是一位伟大的科学家，也是一个贤妻良母。她30岁生下第一个女儿，37岁生下第二个女儿。这段时间，正是居里夫人天天泡在实验室发现铀和镭的阶段。虽然她十分忙碌，不得不请了保姆照看女儿，但她绝不是甩手掌柜，她不愿意为了世界上任何事情而阻碍孩子发育。她每天工作之前，都先会去确认孩子吃得好、睡得好、一切正常，才放心地离开。而且，在女儿不足周岁的时候，居里夫人就引导孩子进行幼儿智力体操训练，带着孩子广泛接触陌生人，去动物园观赏动物，让孩子学游泳，欣赏大自然的美景。孩子稍大一些，她就教她们做一种带艺术色彩的智力体操，教她们唱儿歌、讲童话。再大一些，就让孩子进行智力训练，教她们识字、弹琴、开车、骑马、搞手工制作等等。

一个快乐的女人不应该因婚姻生活而丢失了自我，婚后也要保持自己的兴趣和爱好。家是两个人的，应该一起来经营，女人可以多付出，但绝不能什么都大包大揽。习惯成自然，老公习惯了接受妻子的照顾，就对照顾妻子很陌生；看看我们的周围，如果家务事总是由妻子来做，时间长了管家的责任就会全部落在妻子一个人身上。累了也不能抱怨，否则老公就会给脸色看，谁都没有三头六臂，如果有一天妻子不得不劳驾老公出点力时，老公就会不高兴。所以每个女人都应该教会老公做家务，要时不时地指使老公做点家务，让老公在做家务的过程中，履行对家庭的责任。孩子也要夫妻一起带，婚姻中单亲妈妈的做法不可取，别忘了老公是孩子的父亲，为孩子做点什么是义不容辞的。三字经有"养不教，父之过"之说，自古教育孩子成长成材就是父亲们的责任。

经营好自己的爱巢，就要经营好自己和家人的身体，身体是本钱，没有好的身体，一切都是零。好身体来源于好胃口，作为一个合格的"管家"，当然得学会做几道拿手菜。会做菜的目的不是让妻子天天下厨房，但是妻子独特的烹饪技巧，会让孩子和老公记住你的味道，让他们感受到你的爱和体贴。"要想留住男人的心，先要留住男人的胃"，就是这个道理。

国有国法，家有家规，一个幸福的家庭必须要建立家法，形成自己的家风。妻子不能放任老公和孩子胡来。俗话说一个好女人会影响三代人。家有贤妻，男人不做横事。卢梭说得好："母不母，则子不子。"妻子不仅影响着丈夫，对孩子的意志、性格、品德也有着难以估量的作用，母亲是孩子的第一模仿人，身教胜于言传，母亲更要以身作则，给孩子做好典范。妻子要勤劳善良，孝敬老人，要处理好婆媳关系，要行为端庄，也要鼓励老公和孩子淳朴善良。一个充满正能量的家庭才是让人羡慕的。

经营好自己的爱巢，不仅是一门大学问，更需要大智慧。什么时候女人都不应该满足于现有的持家本领，而要认识到"学海无涯苦作舟"。

第四节　攻克一个个奋斗目标

"初心，穿越时空，永志不忘。使命，接续担当，催人奋进。"因为中国共产党有着"为中国人民谋幸福，为中华民族谋复兴"的奋斗目标，所以这个已经走过近百年历程的世界第一大党，虽经岁月磨砺，仍能聚合十三亿人民的磅礴之力，在新时代中国特色社会主义道路上不懈奋斗！

这就是目标的力量。国家有国家的使命，企业有企业的担当，每个人都应该有自己的奋斗目标。有了目标，就有了前进的方向、进取的动力、进步的源泉；没有目标，再大的潜能也只能是一个摆设。任何一个成功的人，他们在起步阶段就会给自己设定一个奋斗目标。苏格拉底宣称："世上最快乐的事，莫过于为目标而奋斗。"高尔基也说："只有满怀目标的人，才能在任何地方都把目标沉浸在生活中并实现自己的意志。"

世界每时每刻都在发生变化，中国也每时每刻都在发生变化。让人意外的变化，会改变逻辑，改变预期，改变故事的讲述方式。有目标的人遇到变化时，能执着于自己的理想和方向百折不挠，把理想照进现实，在人生的道路上迈着坚实的脚步奋勇向前！没有目标的人，就会被这个不确定因素层出不穷的多元化世界搞得晕头转向，处处让你感到诱惑又处处让你无能为力，只能让自己的生命一次次不知所措地堕进毫无长进的平庸里。男人会因为没有目标而结束碌碌无为浑浑噩噩的一生，女人也不例外。格力空调董事长董明珠曾说过："女性在职场里打拼，首先是要会做人，什么叫做人？就是我要尽职尽力，在自己的岗位上做到最好，这就是目标。很多人会说以后要当总经理，那不叫目标，而是一种私人的目的。我在岗位上要做得比别人都好，这就是目标。你每一项都做得比别人好，受到别人的尊重，由于尊重，你的职务就会发生变化。不是为了职业目的去实现人生价值，只有这样才能成功。"

梦想感召奋斗，目标凝聚力量。有了奋斗目标，就要努力去攻克它。对于女人来说，正确地选择了事业上的突破口，并对此充满了必胜的信心，并不意味着成功便唾手可得。攻克奋斗目标一定要树立坚定的信念。信念是人的精神支柱，没有它，一个人的精神大厦就极有可能会坍塌。有了信念做支撑，做事就不会半途而废，就会满腔热情，认真细致，不厌其烦地击破一道道险关，拿下一个个阵地，直至完美完成最终的目标。大家可能都读过《把信送给加西亚》这本书。故事的主人公罗文是美国陆军的一名年轻中尉，在100多年前的美西战争前夕，孤身一人在没有任何护卫的情况下，历经艰难险阻，终于将总统的信送给了加西亚将军，挽救了美国。故事情节虽然很简单，但罗文表现出的精神，使故事具有了巨大的感染力。罗文的精神就是：有着坚定的信念和必胜的信心，他坚信自己一定能完成送达信件的目标，并为达成目标付诸行动，因此不惜一切代价，甚至冒着生命危险克服了重重困难，才完成了看似不能完成的任务。

攻克目标，不仅要有坚定的信心、超凡的能力、出众的智慧，还要付出艰苦卓绝的努力，更要抗拒来自四面八方巨大的诱惑，这样才能攻坚克难，砥砺前行。拿个男人来做例子，爱因斯坦终生奋斗的目标是做一名伟大的科学家，他对自己确立的目标矢志不移。1952年以色列国第一任总统魏兹曼逝世后，国家邀请同为犹太人的爱因斯坦接受总统职务，他却婉言谢绝了，并坦承自己不适合担任这一职务。试想，如果爱因斯坦真的当上了总统，世上就不一定会诞生"相对论"，也不一定成就他今天的伟大业绩。

树标必达，但也要对自己有正确的认知，女人不应该去奢望遥不可及的目标。人人都羡慕雄鹰搏击长空，但没有飞机做翅膀，在现有条件下，人是无论如何也飞不到天上的。"认识自己"这句话被刻在古希腊的神庙上。老子也曾说过："知人者智，自知者明，胜人者力，自胜者强。""认识你自己"——这正是目标赖以建立的前提。正确认识自己，给自己一个全面客观的评价，明晰自己的短板和长处，就能给自己一个合适的职业定位，然后根据自身的条件和实际的可能再制定出自己的奋斗目标，并在实现目标的过程中发挥特长努力跟进，持之以恒。这样不仅有助于目标的顺利实现，更能够在攻克一个个目标的同时，升华自己，超越自己，为实现下一个目标奠定基础。否则盲目地为自己设立不切实际或好高骛远的目标，就会在一次次的失败中将自己的热情意志消磨殆尽，甚至成了霜打的茄子失去了斗志，在人生需要奔跑的时段上一蹶不振。

有的女人可能会说我对他人都了解得很透彻，怎么可能不了解自己呢？是的，有的人的确了解他人，了解社会，但就是不能正确地评价自己，这就是"当局者迷"，"自己的刀削不了自己的把"。还举个男人的例子来说，满腔抱负、才华横溢、"天生我才必有用"的李白为什么只能"独坐敬亭山"，"独酌无相亲"？我们从小就拜读诗仙的诗作，也知道他老人家琴棋书画样样精通，甚至还是一个外语专家。所有人都认为这么有本事的一个人，应该驰骋官场，封侯拜相。他也觉得自己应该在仕途上飞黄腾达，扶摇直上。可现实却是虽然几次被请上了金銮殿，却都以被罢免而告终。李白狂傲、胸无城府，不愿意为权贵"摧眉折腰"。他不知道他的这种性格根本就适应不了官场上的阿谀奉承、尔虞我诈。对他而言，远离官场，游历祖国的大好河山，潇洒地诵诗吟对才是正途。"金无足赤，人无完人。"只有认清自己，才能更好地履行人生职责、实现人生价值！

好风凭借力，扬帆正当时！女人也要珍惜每一次奋斗的机会，把握住每一缕成功的希望，用勤劳和智慧的双手去成就自己美好的人生。

快乐的女人从来都不会停下进取的脚步。